한문으로 풀어보는

세상사 이야기

한상덕 저

신아사

머리말

똑 같은 내용의 말이라도 어떻게 표현하느냐에 따라 감동의 정도가 달라지는 경우가 많다. 특히 속담이나 격언을 통해서 강조를 하거나 비유를 할 때 그 효과는 훨씬 더 강하게 나타난다. 그래서 동서고금을 막론하고 연설을 하거나 강의를 하거나 혹은 일상생활을 하면서도 자신이 전달하려는 의미를 극대화시키고자 할 때는 이런 표현수단을 종종 활용하는 것이 일반적이다.

우리 한자문화권에는 이런 표현들이 너무나 풍부하고 또 그 활용의 빈도수도 훨씬 많은 것 같다. 그것은 뛰어난 함축성과 아름다운 성조를 지닌 한자의 특성 때문에 이런 현상이 더 가능하였을 것이다. 따라서 상당히 복잡하고 많은 내용의 말도 한문 구절에서는 아주 함축적이고 간단명료하게 표현이 되어 대단한 매력을 준다.

언어나 문자는 인간 생활의 필요 여부에 따라 생성과 소멸이 반복될 수밖에 없는 속성을 가진다. 따라서 널리 사용이 되는 말이나 글은 언제까지고 살아남게 되는 것이고, 한 때 유행하던 말이나 글도 쓰는 사람이 없게 되면 책 속에서 잠을 자거나 소멸될 수밖에 없는 것이다. 이 책은 바로 수천 년 동안 동양의 한자 문화권에서 시공을 초월하여 수많은 사람들의 입에 오르내려 왔기에 지금도 활용이 되고 있고, 또 앞으로도 그렇게 자주 쓰일 수 있는 주옥같은 한문 구절들을 모아서 그에 해설을 붙인 책이다.

해설은 본 필자의 생각을 담은 것으로, 독자들의 생각과는 다소 견해가 다를 수도 있을 것이다. 그러나 다소 봉건적 사상을 담고 있거나 소극적이고 운명론적인 사고에 입각하여 표현된 한문 구절 등에서는 오늘을 사는 우리가 어떤 사고를 통해서 성공적인 삶을 영위할 수 있을 것인지 그 방향을 제시하고자 노력하였다. 따라서 경우에 따라서는 본문이 말하고자 하는 본뜻과는 정 반대의 필자 의견을 피력하기도 하였다. 그래서 제목도 "한문으로 풀어보는 세상사 이야기"라고 한 것이다.

특히 이 책은 한자 및 한문교육 현장이나 또 인성교육이 필요한 곳에서 두루두루 활용이 될 수 있도록 초점을 맞추었다. 실제로 이 책에 실린 내용들은 대만의 교육청이 초중학생들에게 우량도서로 추천할 정도의 유익한 내용들로 구성이 되어 있다. 아무쪼록 한문 교육 및 인성교육에 조금이라도 도움이 되었으면 좋겠다.

끝으로 이 책은 대만의 세봉출판사(世峰出版社)의 ≪인생필독과송본(人生必讀課誦本)≫과 유문당서국(裕文堂書局)의 ≪인생필독(人生必讀)≫에서 본문을 참고하였음을 밝혀둔다. 이들 책에 수록된 본문들은 특정인에 의해 저작된 것이 아니라 오랫동안 민간에 유전되어 오던 내용들이기 때문에 여타 동몽서(童蒙書)에도 비슷한 내용들로 소개가 되고 있다.

필자가 쓴 잘못된 내용이나 부족한 부분에 대해서는 여러분들의 따뜻한 질정을 부탁드린다. 책이 나오기까지 힘써주신 신아사 임직원 여러분께 감사를 드린다.

2009년 8월

한상덕 씀

목차

한문으로 풀어보는

세상사 이야기

001

壞事勸人休莫作 擧頭三尺有神明

나쁜 일은 남이 하도록 권하지 말라. 고개 들면 석 자도 안 되는 곳에 신(神)이 있느니라.

■ 한자의 훈과 음

● 壞(무너질 괴) ● 事(일 사) ● 勸(권할 권) ● 人(사람 인) ● 休(쉴 휴)
● 莫(말 막) ● 作(지을 작) ● 擧(들 거) ● 頭(머리 두) ● 三(석 삼)
● 尺(자 척) ● 有(있을 유) ● 神(귀신 신) ● 明(밝을 명)

해설

무슨 일을 하든지 우리는 양심을 속이지 말아야 한다. 아무도 없는 곳에서 나쁜 짓을 했다고 해서 그 누구도 모를 것이라고 생각해서는 안 된다. 고개만 들면 하늘이다. 하늘은 사람들이 보이지 않는 곳에서 행하는 모든 행동도 다 보고 있고 또 다 알고 있기에 하늘밑의 비밀은 없다 할 것이다.

양심에 어긋나는 일은 자신뿐만 아니라 남에게도 권해서는 안 된다는 것이 본문의 요지다. 선한 생각은 또 선한 생각을 낳게 되고, 악한 생각은 또 악한 생각을 낳게 된다는 것을 우리는 잘 안다. 항상 좋은 생각과 올바른 행동이 일상 습관이 될 수 있도록 노력할 일이다.

누가 감시를 한다 하여 올바른 행동을 하고 그렇지 않다하여 아무렇게나 행동해서는 안 된다는 것, 유치원에서 가르치는 내용이다. 유치원에서 가르치는 내용만이라도 성인이 되어 잊지 않고 실천할 수 있다면 빗나간 인생은 면할 수가 있게 된다.

◆ 壞事(괴사)-나쁜 일. ◆ 勸人(권인)-다른 사람에게 권하다. <人>은 타인.
◆ 休莫(휴막)-그만 두고 하지 말라. 금지를 나타냄.
◆ 擧頭(거두)-머리를 들다.
◆ 三尺(삼척)-석 자. 아주 거리가 가까움을 나타냄. ◆ 神明(신명)-신(神). 하나님.

002

善惡到頭終有報 只爭來早與來遲

선과 악은 정점에 이르면 결국 보응이 있게 된다. 다만 일찍 오느냐 늦게 오느냐 하는 차이가 있을 뿐이다.

■ 한자의 훈과 음

• 善(착할 선) • 惡(악할 악) • 到(이를 도) • 頭(머리 두) • 終(끝날 종)
• 有(있을 유) • 報(갚을 보) • 只(다만 지) • 爭(다툴 쟁) • 來(올 래)
• 早(일찍 조) • 與(줄 여) • 遲(늦을 지)

해설

사람이 좋은 일을 하든 나쁜 일을 하든, 혹은 옳은 일을 하든 그른 일을 하든, 결국에는 그에 따른 하늘의 보응이 반드시 있게 마련이라는 내용이다. 다시 말해 원인에 따른 결과는 분명히 있다는 말이다. 어떤 경우에는 그 결과가 곧 바로 나타나기도 하지만 어떤 경우에는 그것이 좀 더디 나타나기도 한다는 것 아닌가?

따라서 선악에 대한 하늘의 심판과 조치가 좀 늦어진다 하여 선한 일을 행한 자가 섭섭해 할 필요도 없는 것이고, 악한 일을 행한 사람이 다행이라고 감사할 필요도 없는 것이다.

◆ 善惡(선악)-선과 악.
◆ 到頭(도두)-정점에 이르다. 결국.
◆ 終(종)-마침내.
◆ 有報(유보)-보응이 있다.
◆ 只(지)-다만. 오직.
◆ 爭(쟁)-다투다. 차이가 나다.
◆ 來早(내조)-오는 것이 이르다. 즉 일찍 온다는 뜻.
◆ 與(여)-~와(과). 병렬을 나타내는 접속사다.
◆ 來遲(내지)-오는 것이 늦다.

003

一年之計在於春 一日之計在於寅

일 년의 계획은 봄에 있고, 하루의 계획은 새벽 인시(寅時)에 있다.

■ 한자의 훈과 음

● 一(한 일) ● 年(해 년) ● 之(갈 지) ● 計(셈할 계) ● 在(있을 재)
● 於(어조사 어) ● 春(봄 춘) ● 日(날 일) ● 寅(세째 지지 인)

해설

봄은 일 년을 시작하는 계절이요, 새벽은 하루를 시작하는 시간이다. 농부가 한 해 동안 무슨 농사를 어떻게 경작할 것인지 계획을 세우는 것은 그 해 풍작을 위한 가장 기본적인 일이다. 하루도 마찬가지다. 그날 해야 할 일을 그날 아침에 잘 점검하고 계획을 세우게 되면 저녁 때 후회하는 일이 적어진다. 하지만 아무런 계획 없이 살아가면서 생각나는 대로 일을 하다 보면 빠뜨리는 일도 있게 되고, 행한 일도 임기응변식(臨機應變式)이 되는 경우가 많다.

항상 계획 안에서 최선을 다하는 좋은 습관은 우리의 인생을 멋지게 바꾸어 줄 수 있는 힘의 원천이 될 것이다.

◆ 一年之計(일년지계)-일년의 계획. <之>는 "~의". <計>는 "계획"을 말함.
◆ 在於春(재어춘)-봄에 있다. <於>는 "~에".
◆ 寅(인)-12지(支)의 세 번째를 나타내는 것으로, 여기서는 새벽 3시부터 5시까지를 가리킴.

004

一家之計在於和 一生之計在於勤

한 가정의 계획은 화합됨에 있고, 일생의 계획은 부지런함에 있다.

■ 한자의 훈과 음

- 一(한 일) • 家(집 가) • 之(갈 지) • 計(셈할 계) • 在(있을 재)
- 於(어조사 어) • 和(화합 화) • 生(날 생) • 勤(부지런할 근)

해설

가정은 사회를 구성하는 세포라고 할 수 있다. 가정의 건강지수 행복지수는 곧 그 사회와 나라의 행복지수로 직결이 된다. 가정의 평화는 식구들이 서로 믿어주고 인정해 주는 것에서 출발한다. 그 믿음과 인정이 깨어지면 미움의 싹이 트고 결국 가정의 평화는 무너지고 만다. 화합은 가정의 필수적인 조건이므로 이를 위해 계획과 노력이 반드시 필요하다.

내 인생은 나에게 달려있다. 나 이외의 환경과 여건 등도 중요한 요소가 된다. 하지만 그 이전에 더욱 중요한 것은 내가 어떻게 생각하고 어떻게 살아가느냐에 있다. 내가 바르게 서 있지 못했을 때는 아무리 좋은 환경과 여건을 가지고 있다고 해도 이는 큰 의미가 없다. 우선 내가 올바른 생각 위에서 부지런히 사는 것이 성공의 출발이요 행복의 초석이다.

◆ 一家之計(일가지계)-한 가정의 계획.
◆ 在於和(재어화)-화합함에 있다. <在>는 "~에 있다". <於>는 "~에". <和>는 "화합됨"을 말함.
◆ 一生之計(일생지계)-일생의 계획. 한 삶의 계획.
◆ 在於勤(재어근)-근면함에 있다.

005

父子和而家不退 兄弟和而家不分

아버지와 자식 간에 화합이 잘 되면 가정이 쇠퇴하지 아니하고, 형과 아우 간에 화합이 잘 되면 가정에 분란이 없다.

■ 한자의 훈과 음

- 父(아비 부) • 子(아들 자) • 和(화할 화) • 而(말 이을 이) • 家(집 가)
- 不(아닐 불) • 退(물러날 퇴) • 兄(맏 형) • 弟(아우 제) • 分(나눌 분)

해설

결혼해서 아이만 낳으면, 아버지와 자식 간에는 부자 관계가 성립된다. 그래서 아버지가 되고 자식이 되는 것은 어쩌면 그리 어려운 일이 아닐 수도 있다. 하지만 진정 아버지다운 아버지, 자식다운 자식이 되는 것은 참으로 쉽지 않다.

형제간에도 마찬가지다. 부자지간이나 형제지간이나 모두 아름다운 관계, 가슴 찡한 감동의 식구들이 되려면 늘 사랑과 배려 속에서 희생하는 마음이 우선되어야 하는 것이다.

◆ 父子和(부자화)-아버지와 자식들이 화합하다. 여기서 <父>는 "부모(父母)"를 대표하고, <子>는 "아들"만을 지칭하는 것이 아니라 "자식"들 모두를 지칭함.
◆ 而(이)-접속사로 풀이하지 않아도 된다.
◆ 家不退(가불퇴)-가정이 쇠퇴하지 않는다. 즉 가문이 쓰러지지 않는다는 의미.
◆ 兄弟和(형제화)-형제가 서로 화합하다.
◆ 家不分(가불분)-가정이 나누어지지 않는다. 즉 가정에 분란이 없다는 의미.

006

有子之人貧不久 無子之人富不長

자식이 있는 사람은 그 가난이 오래가지 아니하고, 자식이 없는 사람은 그 부(富)가 길게 가지 않는다.

■ 한자의 훈과 음

- 有(있을 유) • 子(아들 자) • 之(갈 지) • 人(사람 인) • 貧(가난할 빈)
- 不(아닐 불) • 久(오랠 구) • 無(없을 무) • 富(부자 부) • 長(길 장)

해설

자식이 부의 밑천이라고 보았던 옛날에는 자식이 있느냐 없느냐, 많으냐 적으냐 그 정도에 따라 '행(幸)'과 '불행(不幸)' 결정되는 경우가 많았다. 지금도 중국 농촌에서는 식구가 많은 것이 복이요, 삶의 밑천이라 생각하는 경우가 많다. 그 농촌에서는 농사를 지을 수 있는 노동력이 절대적으로 필요하기 때문이다. 그래서 한 가정에서 한 자녀만을 낳아야 한다는 법까지 어겨가면서 아이를 여러 명 낳는 경우도 있고, 그 와중에 '득남(得男)'을 했다함은 축복 중의 축복으로 생각하기도 한다.

그러나 오늘날에는 자식의 됨됨이에 따라 희비가 엇갈리는 경우가 참 많은 듯하다. 꼭 자식이 많아 행복한 것이 아닐 수도 있다는 말이다. 오히려 불초한 자식 때문에 재산은 물론이고 목숨까지 잃는 부모도 있다. 그래서 "무자식이 상팔자"라는 말도 있게 된 것인가?

◆ 有子之人(유자지인)-아들이 있는 사람. 여기서 <子>는 "자식"을 다 통칭하는 말.
◆ 無子之人(무자지인)-자식이 없는 사람.
◆ 富不長(부부장)-부유함이 길게 가지 않다.

007

萬事不由人計較 一生都是命安排

모든 일이란 사람의 계산에 따라 되는 것이 아니다. 일생은 모두 운명이 안배를 한다.

■ 한자의 훈과 음

● 萬(일만 만) ● 事(일 사) ● 不(아닐 불) ● 由(말미암을 유) ● 人(사람 인)
● 計(셈할 계) ● 較(견줄 교) ● 一(한 일) ● 生(날 생) ● 都(도읍 도)
● 是(옳을 시) ● 命(목숨 명) ● 安(편안할 안) ● 排(밀칠 배)

해설

운명은 이미 정해져 있다고 믿는 사람들에게는 아무런 발전도 미래도 기대할 수가 없다. 지금의 현실을 운명이라고 판단하고 그냥 주저앉아 포기하고 마는 자보다 더 불쌍한 사람은 없을 것이다.

생각이 행동이 되고 행동이 습관이 되고 그 습관이 인격이 되고 그 인격이 내 인생의 운명이 된다는 말이 있지 않은가? 두 주먹 불끈 쥐고 현실에 도전하고 미래를 위해 땀 흘릴 때, 하나님도 나의 편이 되어 용기도 주고 능력도 주게 될 것이다.

'숙명'이란 말의 개념은 뒤에서 날아오는 화살과 같은 것이고, '운명'이란 말은 앞에서 날아오는 화살과 같은 것이라고 비유하는 사람도 있다. 참으로 멋진 비유가 아닐 수 없다. 이는 노력 여하에 따라 운명의 화살도 피할 수가 있다는 뜻 아닌가? 노력에 따라 운명이 바뀔 수도 있다는 역설은 우리에게 큰 희망을 준다.

여하튼 본문의 내용은 참고만 하고, 어디까지나 최선을 다하는 우리가 되도록 노력할 일이다.

◆ 萬事(만사)-만 가지 일. 즉 모든 일을 가리킴.
◆ 不由(불유)-~으로 말미암지 않다.
◆ 計較(계교)-계산하여 비교하다. 계획. 생각.
◆ 一生(일생)-한 사람의 삶.
◆ 都是(도시)-모두 ~이다.
◆ 命安排(명안배)-운명이 안배하다.

008

命裏有時終須有 命裏無時到底無

운명 속에 운(運) 때가 있으면 언젠가는 반드시 있을 것이고, 운명 속에 운 때가 없으면 끝까지 가도 없다.

■ 한자의 훈과 음

- 命(목숨 명) • 裏(속 리) • 有(있을 유) • 時(때 시) • 終(끝날 종)
- 須(모름지기 수) • 無(없을 무) • 到(이를 도) • 底(밑 저) • 無(없을 무)

해설

'운명'과 '때'는 지나고 나서야 알 수 있는 것이지, 인생을 살아보기 전에는 이를 쉽게 이야기하기 힘든 것이다.

우리는 흔히 "일생에 세 번의 기회가 온다."는 말을 한다. 누구에게나 통용되는 말이다. 그러나 그 기회가 모든 사람에게 적용되는 것은 아니다. 이것은 노력하고 준비하는 사람에게만 적용된다고 할 수 있다. 그렇기 때문에 분명한 목표와 꿈을 가지고 담대하게 매진하는 사람에게는 왜 기회가 세 번만 있겠는가? 그런 사람에게는 인생을 더 좋은 판국으로 반전시킬 수 있는 기회가 세 번만이 아니라 서른 번도 더 넘게 찾아올지 모른다.

'운명'이 어떻고 '운 때'가 어떻고 논하기 전에, 이루고자 하는 목표의 문으로 들어서는데 필요한 모든 준비를 철저히 해 놓고, 그 기회가 오는 길목에서 자신만만하게 기다리고 서 있는 태도가 중요하리라 생각한다. 옛날에는 사람들이 아무리 노력을 해도 돌파구를 찾지 못했을 때 본문처럼 이런 말을 했을 수도 있다. 하지만 오늘날 우리는 이런 말을 절대로 믿지 말아야 할 것이다.

◆ 命裏(명리)-운명 속. ◆ 有時(유시)-때가 있다. 즉 정해진 시기가 있다는 말.
◆ 終(종)-끝. 언젠가는. 끝내는. ◆ 須有(수유)-반드시 있다.
◆ 到底(도저)-바닥까지 이르다. 즉 "끝까지 간다."는 말.

009

貧乏求謀事難成 百計徒勞枉費心

가난할 때는 온갖 수를 써도 일을 이루기가 어렵고, 모든 계획이 헛수고로 돌아가 마음고생만 하게 된다.

■ 한자의 훈과 음

- 貧(가난할 빈) • 乏(가난할 핍) • 求(구할 구) • 謀(꾀할 모) • 事(일 사)
- 難(어려울 난) • 成(이룰 성) • 百(일백 백) • 計(셈할 계) • 徒(무리 도)
- 勞(일할 로) • 枉(굽을 왕) • 費(쓸 비) • 心(마음 심)

해설

가난이 모든 불행의 원인이 될 수도 있고, 어떤 일을 추진하는 데 가장 큰 장애가 될 수도 있다. 그러나 역사의 발전이나 과학의 진보 등을 볼 때 도저히 불가능하리라고 생각되는 환경 속에서도 이를 극복하고 큰 것을 이루어낸 예가 너무나 많다. 그래서 그 결과는 더욱 값지고 귀하다.

역풍에 배가 더 빨리 닿는다는 말이 있다. 이는 사력을 다해 앞으로 나아가지 않으면 오히려 뒤로 밀려날 것이라는 위기의식을 가지고, 어렵게 조금씩 조금씩 앞으로 나아간 것이, 결과적으로는 순풍만을 믿고 안일하게 항해한 배보다 더 빨리 목적지에 닿을 수 있게 된 경우다.

바쁜 일과 속에서도 자신이 해야 할 일들을 꼼꼼하게 챙기면서 노력한 것이, 그저 할 일 없이 편안하게 지내는 사람이 이루어낸 삶의 성과보다 훨씬 결과가 풍성한 그런 예를 자주 본다.

◆ 貧乏(빈핍)-가난하다. 궁핍하다.
◆ 求謀(구모)-술책을 구하다. 꾀를 내다. 계획을 세우다.
◆ 百計(백계)-백 가지 계획. 모든 계획.
◆ 徒勞(도로)-헛된 수고. 수고가 헛되다.
◆ 枉費(왕비)-낭비하다. 허비하다.

010

屋漏更遭連夜雨 船破又遇對頭風

집에 비가 새는데 또 연일 밤비를 만나게 되고, 파선(破船)이 되었는데 또 앞쪽에서 부는 역풍을 만나게 된다.

■ 한자의 훈과 음

• 屋(집 옥) • 漏(샐 루) • 更(다시 갱) • 遭(만날 조) • 連(잇닿을 련)
• 夜(밤 야) • 雨(비 우) • 船(배 선) • 破(깨뜨릴 파) • 又(또 우)
• 遇(만날 우) • 對(대답할 대) • 頭(머리 두) • 風(바람 풍)

해설

우리는 설상가상(雪上加霜)이라는 말이 정말 실감날 정도로 힘든 때가 간혹 있다. 어찌 나에게 이런 고난이 닥칠 수 있단 말인가? 하늘이 원망스럽고 자신이 너무 비참하다는 생각이 들지 않을 수 없다. 그러나 우리는 이때 좀 더 냉철한 판단과 지혜로운 노력을 통해 그 위기를 전화위복의 기회로 삼으려고 하는 자세가 필요하다. 세상이 어지러울 때 영웅이 나고 나라가 어려울 때 충신이 난다고 하였다.

일이 항상 순조로울 때는 '감사'의 의미를 모르고 살다가, 역경 앞에서 비로소 감사의 의미를 실감하고 작은 것에도 늘 감사해야겠다는 것을 깨닫게 되는 것도 어려움 속에서 얻을 수 있는 큰 소득이다.

◆ 屋漏(옥루)-집이 새다. 즉 지붕으로 빗물이 새다.
◆ 更遭(갱조)-또 만나다. 또 당하다.
◆ 連夜雨(연야우)-연일 밤새 내리는 비.
◆ 船破(선파)-배가 부서지다.
◆ 又遇(우우)-또 만나다.
◆ 對頭風(대두풍)-머리 맞은편에서 부는 바람. 즉 역풍을 말함.

011

有緣千里能相會 無緣對面不相逢

인연이 있으면 천리 먼 곳에 있어도 서로 만날 수가 있고, 인연이 없으면 얼굴을 맞대고 있어도 서로 만나지 못한다.

■ 한자의 훈과 음

• 有(있을 유) • 緣(가선 연, 인연 연) • 千(일천 천) • 里(마을 리)
• 能(능할 능) • 相(서로 상) • 會(모일 회) • 無(없을 무) • 對(대답할 대)
• 面(낯 면) • 不(아닐 불) • 逢(만날 봉)

해설

인연으로 우리는 여러 모양의 관계를 가진다. 친구관계, 동료관계, 사제관계, 부부관계 등등. 그 어떤 경우도 중요하지 않은 관계가 없지만 일생의 대사(大事)인 결혼과 함께 부부의 인연을 맺게 되는 것은 그 어떤 것보다 중요한 일이다. 인연은 아무렇게나 쉽게 이루어지는 것은 아니다. 인연이 없으면 아무리 코앞에 가까이 있는 사람이라 할지라도 서로 모르고 지내며, 또 아무리 지척에서 사이좋게 지낸다 할지라도 나의 짝이 될 수가 없는 것이다.

따라서 지금 내 옆에 있는 친구에게 다소 미운 구석이 있다 할지라도, 소중한 인연에 감사하면서 마음에 들지 않는 부분을 이해하고 감싸주려고 노력을 하고, 지금 내가 일하고 있는 직장 동료들과도 악연이 되지 않도록 내가 먼저 손해보고 희생할 각오로 선연을 만들어간다면 분명히 모든 사람들에게 인정받게 될 것이고 또 모든 일이 순조롭게 형통할 것이다. 또 인연에 따라 부부가 되기를 약속했거나, 아니면 이미 부부가 된 사람들도 서로가 후회 없는 만남이 될 수 있도록 사랑하고 배려하면서 행복하게 오순도순 잘 지낸다면 최고의 인생이 될 것이다.

◆ 有緣(유연)-인연이 있다. ◆ 能相會(능상회)-서로 만날 수 있다. <能>은 "~할 수 있다".
◆ 對面(대면)-얼굴을 맞대다.

012

貧居鬧市無人識 富在深山有遠親

가난하게 살 때는 시끄러운 시장 가운데 살아도 아는 사람이 없지만, 부자로 살 때는 깊은 산 속에 있어도 먼 친척이 있다.

■ 한자의 훈과 음

- 貧(가난할 빈) • 居(살 거) • 鬧(시끄러울 료) • 市(저자 시) • 無(없을 무)
- 人(사람 인) • 識(알 식) • 富(부자 부) • 在(있을 재) • 深(깊을 심)
- 山(뫼 산) • 有(있을 유) • 遠(멀 원) • 親(친할 친)

해설

뜻이 있고 관심이 있으면 보지 않으려고 해도 너무나 대상이 뚜렷하게 눈에 들어온다. 남의 불행도 마찬가지다. 내가 조금만 따뜻한 마음을 가지고 관심을 가지고 있다면, 사랑의 손길을 내밀고 싶은 곳이 너무나 많다.

그러나 어떤 일에 마음이 없으면 그 대상이 눈에 보이지도 않을 뿐더러, 보이더라도 외면을 하게 된다.

내 삶의 방편을 위해 나보다 많은 것을 가진 자에게 다가가 아부의 웃음을 흘리는 것보다, 작지만 필요한 자에게 내 것을 조금 나누어 주면서 진정한 삶의 향기를 가꾸어 가는 것, 참으로 아름다운 일이 아닐 수 없다.

- ◆ 貧(빈)-가난하다.
- ◆ 居鬧市(거료시)-시끄러운 시장에 살다. 누구나 다 알 수 있는 곳에 산다는 의미.
- ◆ 無人識(무인식)-아는 사람이 없다. 알아주는 사람이 없다.
- ◆ 富(부)-부유하다.
- ◆ 在深山(재심산)-깊은 산 속에 살다. 사람들이 잘 알 수 없는 곳에 산다는 의미.
- ◆ 有遠親(유원친)-먼 친척이 있다. 즉 멀리서 친척이 찾아온다는 의미.

013

龍游淺水遭蝦戱 虎落平陽被犬欺

용이 얕은 물에서 헤엄을 치면 새우에게 희롱을 당하게 되고, 호랑이가 평지로 내려오게 되면 개한테도 업신여김을 당한다.

■ 한자의 훈과 음

• 龍(용 룡) • 游(헤엄칠 유) • 淺(얕을 천) • 水(물 수) • 遭(만날 조)
• 蝦(새우 하) • 戱(놀 희) • 虎(범 호) • 落(떨어질 락) • 平(평평할 평)
• 陽(볕 양) • 被(이불 피) • 犬(개 견) • 欺(속일 기)

해설

아무리 천부적인 재능을 가진 사람이라 할지라도, 그가 능력을 발휘할 수 있는 환경이나 기회를 잃고 나면, 대접을 받기보다는 오히려 평범한 사람들 사이에서 쓸데없는 화제의 중심에 놓이곤 한다. 아니 곤혹을 당하는 일이 생기는 경우도 적지 않다. 아무리 훌륭한 능력도 이를 발휘할 수 있는 환경이 중요하고, 그것을 알아줄 수 있는 사람이 중요하다는 것을 잘 말해준다.

권세가도 일단 지위를 잃으면 많은 변화가 생긴다. 평소에는 지고무상(至高無上)한 권좌(權座)에서 대단한 위엄을 가졌던 실세(實勢)들도 일단 세력을 잃고 바뀐 환경에 처하다 보면, 제대로 대우를 받지 못함을 비유적으로 말하고 있는 것이 본문의 내용이다. 지금까지 자기에게 굽실거리던 자들로부터 쉽게 비평의 대상이 되기도 하고 놀림감이 되기도 하는 현상이 어찌 동물의 세계나 사람의 세계나 다를 바가 있겠느냐는 말이다. 권세 무상(無常)의 한 단면이 아닐 수 없다.

◆ 龍遊淺水(용유천수)-용이 얕은 물에서 헤엄치다.
◆ 遭蝦戱(조하희)-새우가 희롱하는 일을 당하게 되다.
◆ 虎落平陽(호락평양)-호랑이가 평지에 떨어지다. <平陽>은 "평지"를 말함.
◆ 被犬欺(피견기)-개에게 기만을 당하다. 즉 개에게 물린다는 의미.

014

黃河尙有澄淸日 豈可人無得運時

누런 황하도 오히려 물이 깨끗해질 날이 있는데, 어찌 사람에게 운 때를 얻을 날이 없을 수 있겠는가?

■ 한자의 훈과 음

• 黃(누를 황) • 河(물 하) • 尙(오히려 상) • 有(있을 유) • 澄(맑을 징)
• 淸(맑을 청) • 日(해 일) • 豈(어찌 기) • 可(옳을 가) • 人(사람 인)
• 無(없을 무) • 得(얻을 득) • 運(옮길 운) • 時(때 시)

해설

중국의 황하는 "물 한 말에 진흙이 여섯 되"라고 할 정도로 물속에 진흙 양이 많은 강이다. 이 진흙은 1년에 약 14억 톤이나 하류로 운반된다고 한다. 그래서 물에 토사 함유량이 가장 많은 강으로 이 황하가 세계적으로 이름을 날리고 있다.

그렇지만 이렇게 누런 황하도 살다보면 물이 깨끗하게 맑아지는 날이 있다는 말이다. 비슷하게 우리들이 영유하는 삶의 이치도 이러하다는 말이다. 비록 지금은 어렵고 힘든 역경 중에서 버거운 삶의 무게를 감내하느라 고생을 하고 있지만, 언젠가는 우리에게도 좋은 시절이 올 수 있다는 희망의 메시지다.

행복의 덩치는 모자이크와 같은 것이라, 작은 행복의 조각들이 모여야 큰 행복의 그림이 그려지는 법이다. 어려움 속에서도 작은 행복을 느낄 줄 아는 것이 큰 행복을 얻을 수 있는 지름길이리라.

◆ 黃河(황하)-중국의 서쪽에서 동쪽으로 흐르는 "중국 제2의 강"으로, 길이는 5,464km, 유역면적은 75만 2443㎢이다.
◆ 尙(상)-오히려.
◆ 有澄淸日(유징청일)-깨끗하게 맑을 날이 있다.
◆ 豈(기)-어찌.
◆ 可(가)-~할 수 있다.
◆ 人無得運時(인무득운시)-사람이 좋은 운(運)을 얻을 때가 없다.

015

在家不會迎賓客 出外方知少主人

집에 있을 때 손님을 잘 영접할 줄 모르면, 외지에 나가서 비로소 좋은 주인이 적다는 것을 알게 된다.

■ 한자의 훈과 음

- 在(있을 재) • 家(집 가) • 不(아닐 불) • 會(모일 회) • 迎(맞이할 영)
- 賓(손 빈) • 客(손 객) • 出(날 출) • 外(바깥 외) • 方(모 방)
- 知(알 지) • 少(적을 소) • 主(주인 주) • 人(사람 인)

해설

사람은 사회적 동물이기에 혼자 살지 못하고 어울려 산다. 그래서 타인과의 접촉은 불가피한 삶의 한 요소가 된다.

생활 중에 우리는 인간의 진한 향기를 느낄 수 있는 사람을 만나곤 한다. 그런 사람은 조그마한 일에서도 남을 위한 배려와 관심이 몸에 배어 있음을 쉽게 느낄 수가 있다. 어떤 보상을 생각하고 행동하는 것이 아니기에 그 모습이 너무나 자연스럽고 아름답다. 나 역시 모든 것을 털어놓고 손이라도 한 번 잡아보고 싶은 마음이 생겨난다.

평소에 내가 베풀지 못했던 것에 대해서는 생각하지 않고, 남들이 내 자신에게 이렇게 비정할 수 있느냐고 원망한 적이 많지는 않았는지 생각해 볼 일이다.

- ◆ 在家(재가)-집에 있다.
- ◆ 不會迎(부회영)-맞이할 줄을 모르다. 대접할 줄을 모르다. <會>는 "~할 줄을 알다".
- ◆ 賓客(빈객)-손님.
- ◆ 出外(출외)-밖에 나가다. 외출하다.
- ◆ 方知(방지)-비로소 알다.
- ◆ 少主人(소주인)-주인이 적다. 손님을 잘 대해주는 주인다운 사람이 적다.

016

相逢不飮空歸去 洞口桃花也笑人

서로 만나서 술도 한 잔 안 하고 그냥 집에 돌아가면, 동구 밖의 복숭아꽃도 그 사람을 보고 비웃는다.

■ 한자의 훈과 음

- 相(서로 상) • 逢(만날 봉) • 不(아닐 불) • 飮(마실 음) • 空(빌 공)
- 歸(돌아갈 귀) • 去(갈 거) • 洞(골 동) • 口(입 구) • 桃(복숭아나무 도)
- 花(꽃 화) • 也(어조사 야) • 笑(웃을 소) • 人(사람 인)

해설

어떤 기회가 왔을 때 그것을 잡지 못하고 놓치면 남에게 비웃음을 사게 된다는 말이다. 친한 친구와의 만남과 회포를 푸는 것도 여기에 해당된다고 할 수 있다.

진정한 친구는 말을 하지 않아도 기본적으로 마음이 통하는 법이다. 그런데 다가오려는 친구에게 손사래를 치는 것은 이미 이심전심이 되지 않는다는 신호다. 마음을 나눌 수 있고, 기쁨과 슬픔을 함께 할 수 있는 친구가 있다는 것은 더 없는 재산이다. 그래서 우리 조상들은 "부모 팔아 친구 산다."는 말로 벗의 중요성을 강조하곤 하였다. "술은 친한 친구를 만나서 마시면 천 잔도 부족하고, 말은 마음이 맞지 않으면 반 마디도 많다.(酒逢知己千杯少, 話不投機半句多)"는 시구(詩句)도 있지만, 진짜 좋은 친구 중에는 술이 없어도 말이 없어도 그냥 좋은 그런 친구도 있다.

오늘 만난 친구와 따뜻한 우정을 나누는데 인색하지 말아야 할 것을 다시 한 번 생각하게 하는 본문이다.

◆ 相逢(상봉)-서로 만나다.
◆ 不飮(불음)-마시지 않다.
◆ 空(공)-그냥.
◆ 歸去(귀거)-돌아가다. 귀가하다.
◆ 洞口(동구)-마을 입구.
◆ 桃花(도화)-복숭아꽃.
◆ 也(야)-역시. ~도.
◆ 笑人(소인)-사람을 비웃다.

017

有錢有酒多兄弟 急難何曾見一人

돈 있고 술 있을 땐 형제 같은 친구가 많지만, 급하고 어려울 때 누구 한 사람 보이던 적 있던가?

■ 한자의 훈과 음

• 有(있을 유) • 錢(돈 전) • 酒(술 주) • 多(많을 다) • 兄(맏 형)
• 弟(아우 제) • 急(급할 급) • 難(어려울 란) • 何(어찌 하)
• 曾(일찍 증) • 見(볼 견) • 一(한 일) • 人(사람 인)

해설

벗이란 어려울 때 벗이라 했다. 돈이 있고 술이 있고 모든 것에 부족함이 없을 때는 아무나 쉽게 친구가 될 수 있는 법이다. 그러나 이 때 다가온 친구들은 십중팔구 그 사람보다는 그의 외적인 능력과 여건을 보고 친구가 되는 경우가 많다고 하면 세상을 너무 사시(斜視)로 보는 것일까?

불의의 재난과 불행은 친구의 진실성을 판별해 주는 잣대가 된다. 평소 친구가 잘 나갈 때는 형님 아우 하면서 자주 드나들다가 진작 자신의 도움이 필요할 때는 살며시 꼬리를 감춰버리는 그런 비정한 친구들도 있으니, 이를 어찌 친구라 할 수 있겠는가?

좋은 일이나 궂은 일이나 언제나 한결같이 함께 할 수 있는 친구가 진정한 친구이리라.

◆ 有錢(유전)-돈이 있다
◆ 有酒(유주)-술이 있다.
◆ 多兄弟(다형제)-형제가 많다. 여기서의 "형제"는 "형제같이 지내는 벗"을 가리킴.
◆ 急難(급난)-급하고 어려울 때.
◆ 何(하)-어찌.
◆ 曾(증)-일찍이.

018

有意栽花花不發 無心揷柳柳成蔭

강한 의지를 가지고 심은 꽃은 꽃을 피우지 않는데, 아무 생각 없이 꽂은 버들가지는 버드나무 그늘을 이룬다.

■ 한자의 훈과 음

• 有(있을 유) • 意(뜻 의) • 栽(심을 재) • 花(꽃 화) • 不(아닐 불)
• 發(필 발) • 無(없을 무) • 心(마음 심) • 揷(꽂을 삽) • 柳(버들 류)
• 成(이룰 성) • 陰(그늘 음)

해설

매사에 적극성과 강한 의지를 가지고 사는 것은 바람직한 일이다. 그러나 그 의지 표현이 너무 지나치면 오히려 역효과를 보게 되는 경우도 허다하다.

자식을 키울 때의 사랑과 관심도 여기에 해당된다고 할 것이다. 적절한 선을 넘어선 과도한 사랑과 보호는 결과적으로 사랑의 대상이던 그 사람을 망쳐놓기도 한다.

중국 당나라 때 유명한 정원사 곽타타(郭橐駝)가 들려주는 식수(植樹) 이야기는 우리에게 큰 깨달음을 준다.

나무를 심어놓은 어떤 한 사람이 있었다. 너무나 나무를 아끼고 사랑한 나머지, 자나 깨나 찾아가 관심과 사랑을 보였단다. 아침저녁으로 가서 보살피는 것은 물론이고, 뿌리가 잘 내렸는지 아닌지 흔들어보기도 하고, 또 말라죽었는지 아닌지 매일 손톱으로 껍질을 벗겨 확인해 보는 수고도 마다하지 않았다는

◆ 有意(유의)-뜻이 있다. 즉 강한 의지를 가지다.
◆ 栽花(재화)-꽃을 심다.
◆ 花不發(화불발)-꽃이 피지 않다.
◆ 無心(무심)-마음이 없다. 무심히.
◆ 揷柳(삽류)-버들가지를 꽂다.
◆ 柳成陰(유성음)-버드나무가 그늘을 이루다.

이야기다. 그 결과는 어떠했겠는가?

이는 그 나무에게 지나친 사랑을 표현하는 것보다는 어쩌면 무관심하다 싶을 정도로 가만히 두는 것이 더 낫다는 이야기를 말하는 것이다. 물론 그렇다고 방치하라는 말은 결코 아님을 우리는 잘 안다.

019

畵虎畵皮難畵骨 知人知面不知心

호랑이를 그릴 때 가죽은 그릴 수 있으나 뼈는 그리기 어렵고, 사람을 알아볼 때 그 얼굴은 알 수 있어도 마음은 알지 못한다.

■ 한자의 훈과 음

- 畵(그림 화) • 虎(범 호) • 皮(가죽 피) • 難(어려울 난) • 骨(뼈 골)
- 知(알 지) • 人(사람 인) • 面(낯 면) • 不(아닐 불) • 心(마음 심)

해설

아무리 어떤 사물에 대한 식견이 없다고 할지라도, 눈에 보이는 대로 대충 보고 판단하면 그 외양은 어느 정도 알 수가 있게 된다. 하지만 속에 감추어진 속성이나 내용을 알아내기란 결코 쉬운 일이 아니다.

그러나 과학 문명이 크게 발전한 오늘날은 참으로 많은 것을 속속들이 들여다볼 수 있는 그런 세상이 되어 편한 것이 많기도 하다. 엑스레이 촬영을 통해 뼈의 상태를 알아내기도 하고, 거짓말탐지기를 통해 피의자 진술의 진위 여부를 알아낼 수도 있게 되었으니, 이 얼마나 놀라운 일인가?

그러나 아무리 그렇다 할지라도 본문의 후반 내용처럼 사람 마음의 전모를 알아내기란 역시 불가능한 일이다. 한 때 드라마 <태조 왕건>에서 궁예가 상대의 마음을 읽어낸다는 '관심법(觀心法)'으로 신하들을 떨게 하여 큰 인기를 얻기도 하였지만,

- ◆ 畵虎(화호)-호랑이를 그리다.
- ◆ 畵皮(호피)-가죽을 그리다.
- ◆ 難畵骨(난화골)-뼈를 그리기 어렵다.
- ◆ 知人(지인)-사람을 알다.
- ◆ 知面(지면)-얼굴을 알다.
- ◆ 不知心(부지심)-마음을 알지 못하다.

진정한 '관심(觀心)'의 능력은 신의 영역이지 우리 인간들이 가질 수 있는 일이 아니다.

가장 가깝다고 하는 부부 사이에서도 동상이몽(同床異夢)이 있을 수 있고, 겉은 아닌 척 하지만 뭔가 토라져 있는 친구의 속내를 몰라 애를 태우는 조그마한 일들도 바로 사람의 속마음을 완전히 알아볼 수 없는 것에서 비롯되는 것들이다.

020

人情似紙張張薄 世事如棋局局新

사람의 정이란 종이 한 장처럼 얇고, 세상일이란 바둑판처럼 판판이 새롭다.

한자의 훈과 음

- 人(사람 인) • 情(뜻 정) • 似(같을 사) • 紙(종이 지) • 張(베풀 장)
- 薄(엷을 박) • 世(인간 세) • 事(일 사) • 如(같을 여) • 棋(바둑 기)
- 局(판 국) • 新(새 신)

해설

세상이 언제나 자신에게 관대하지 않을 수도 있다는 사실과, 아무리 친한 지인이라 할지라도 너무 크게 기대할 것이 못 된다는 말이다. 지금 최고의 대접을 받고 있더라도, 나 자신과는 무관한 상황 변화에 그 행복한 '봄날'은 언제라도 사라질 수 있다는 것이다. 참으로 매정한 우리 삶의 자화상이다.

그러나 이러한 현상은 역으로 우리에게 위로와 용기가 될 수도 있다는 사실이다. 즉, 아무리 어렵고 힘든 현실이라 할지라도 그 상황이 영원할 수 없다는 점이다.

꼭 같은 현상 앞에서 우리는 그것을 비관적으로 해석하여 불행을 예견하기도 하지만, 또 낙관적으로 해석하여 마침내는 행복으로 승화시켜 놓기도 한다. 이것이 곧 우리들이 얼마나 큰 그릇을 가졌고 얼마나 현명한 삶의 지혜를 가졌는지를 말해 주는 것이다.

- ◆ 人情(인정)-사람의 정.
- ◆ 似紙(사지)-종이와 같다.
- ◆ 張張(장장)-종이 한 장 한 장.
- ◆ 世事(세사)-세상 일.
- ◆ 如棋(여기)-바둑과 같다.
- ◆ 局局(국국)-판판이. 언제나. 항상.

021

相逢好似曾相識 到底終無怨恨心

서로 만나 좋을 때는 이전에 잘 알던 사람처럼 하고, 끝에 가서는 원망하는 마음이 없도록 해야 한다.

■ 한자의 훈과 음

● 相(서로 상) ● 逢(만날 봉) ● 好(좋을 호) ● 似(같을 사) ● 曾(일찍 증)
● 識(알 식) ● 到(이를 도) ● 底(밑 저) ● 終(끝날 종) ● 無(없을 무)
● 怨(원망할 원) ● 恨(한할 한) ● 心(마음 심)

해설

간혹 아홉 번 잘 하다 한 번 잘못해서 영원한 적이 되는 그런 경우를 보면 참으로 슬프다. '한 번'과 '아홉 번'의 공과(功過)를 따지자면 잘못한 '한 번'쯤은 충분히 이해되고 용서될 수도 있겠다 싶지만, 현실은 그 '한 번'의 잘못으로 잘 나가던 두 사람의 '아홉' 관계가 완전히 묵살되어버리기도 하니 어찌 안타까운 일이 아니겠는가? 그래서 서로 관계가 좋을 때도 언제 있을지 모를 그 '한 번'이 생기지 않도록 경계를 해야 할 것이다. 설령 어쩔 수 없이 헤어져야 할 경우가 생겼다고 할지라도 이 때는 또 아름다운 모습으로 관계청산이 될 수 있도록 지혜를 발동해야 할 것이다.

중국어에서 헤어질 때 "잘 가세요!"라고 말하지 않고, "다시 봐요!"라는 의미로 "짜이지앤(再見)"이라 말하는데, 이 인사말은 우리에게 여러 가지 의미를 생각해 보도록 해 준다.

◆ 相逢(상봉)-서로 만나다.
◆ 似(사)-마치 ~와 같다.
◆ 曾(증)-일찍이.
◆ 相識(상식)-서로 알다.
◆ 到底(도저)-끝에 가서.
◆ 終(종)-마치다. 관계를 끝내다.
◆ 怨恨心(원한심)-원망스럽고 한스럽다고 생각하는 마음.

022

逢人且說三分話 未可全抛一片心

사람을 만났을 때는 우선 십 분지 삼 정도만 말하고, 마음에 담고 있는 모든 것을 말해서는 안 된다.

■ 한자의 훈과 음

- 逢(만날 봉) • 人(사람 인) • 且(또 차) • 說(말씀 설) • 三(석 삼)
- 分(나눌 분) • 話(말씀 화) • 未(아닐 미) • 可(옳을 가) • 全(온전할 전)
- 抛(던질 포) • 一(한 일) • 片(조각 편) • 心(마음 심)

해설

현대 사회는 자기의 능력이나 장점이 최대한 잘 드러나도록 주동적인 노력이 필요한 사회가 되었다. 남들이 자연스럽게 자신의 자랑거리를 발견하고 인정해 주기 전에 홍보를 하고 피아르(PR)를 해야 하는 시대라는 말이다.

그래서 어떤 면에서 '침묵은 금'이라 했던 금언(金言)이 오늘에 와서는 다소 진부한 표현이 아닌가 하는 느낌이 들기도 한다. 하지만 상황에 따라서 '침묵이 금'이라는 격언의 교훈은 아직도 크게 유효하다는 사실을 우리는 잘 안다.

평소 적선으로 얻게 된 그럴싸한 명성도 때로는 무심코 나불거린 세 치의 혀 때문에 와르르 다 무너지고 오히려 비난을 받게 되는 경우도 역시 말수를 제대로 조절하지 못한 예가 아니던가?

대화는 서로간의 정보와 감정을 전달하는 대단히 중요한 수단이지만, 유쾌한 마음으로 서로가 함께 할 수 있다면 그들이 서 있는 세상 환경은 더 없이 밝고 향긋하고 따뜻한 '꽃자리'가 될 것이다.

- ◆ 逢人(봉인)-사람을 만나다.
- ◆ 三分話(삼분화)-3할의 말.
- ◆ 全抛(전포)-전부 내던지다. 전부 말하다.
- ◆ 且(차)-우선.
- ◆ 未可(미가)-옳지 못하다. 안 된다.
- ◆ 一片心(일편심)-한 조각의 마음. 온 마음.

023

雪中送炭眞君子 錦上添花是小人

눈 속에 갇혀 있을 때 숯을 보내주는 사람이 진짜 군자요, 비단 위에 꽃을 더해 주는 사람은 소인이다.

■ 한자의 훈과 음

• 雪(눈 설) • 中(가운데 중) • 送(보낼 송) • 炭(숯 탄) • 眞(참 진)
• 君(임금 군) • 子(아들 자) • 錦(비단 금) • 上(위 상) • 添(더할 첨)
• 花(꽃 화) • 是(옳을 시, 이 시) • 小(작을 소) • 人(사람 인)

해설

군자는 상대방 입장에 서서 그 사람에게 꼭 필요한 일을 행하고, 소인은 자기 입장에 서서 체면이나 이해관계 때문에 상대에게 별로 필요하지도 않는 일에 호의를 보인다는 말이다. 이러한 행동은 공자가 "군자는 의리에 밝고, 소인은 이해에 밝다.(君子喩於義, 小人喩於利)"고 한 말에 크게 벗어나지 않는다. 오늘날, 우리 주위에서도 현대판 군자와 소인들의 모습을 어렵지 않게 찾아 볼 수가 있다.

선행을 사람이 행해야 할 마땅한 일로 생각하고, 또 그 선행으로 인한 어떤 보상이나 대가도 기대하지 않는 멋진 군자가 있는가 하면, 그다지 필요한 일도 아닌 것을 자기의 이해타산 속에서 어떻게 추진을 해놓고 그것을 공익을 위한 일이라 위장하고, 또 결과를 자신의 공적으로 포장하여 마침내는 '보은'을 바라거나 반대급부를 요구하는 가소로운 소인도 있다.

군자의 모습은 학식이나 부귀의 정도에서 나타나는 것이 아니라, 사람에 대한 사랑과 관심에서 표현되는 것이다.

◆ 雪中(설중)-눈 속. ◆ 送炭(송탄)-숯을 보내주다. ◆ 眞君子(진군자)-진짜 군자.
◆ 錦上添花(금상첨화)-비단 위에 꽃을 더하다. 즉 좋은 일 위에 또 좋은 일을 더 보태준다는 의미.
◆ 小人(소인)-소인. 도량이 좁은 사람.

024

不信但看筵中酒 杯杯先勸有錢人

믿음이 가지 않는다면 술좌석만이라도 살펴보라, 잔이면 잔마다 먼저 돈 있는 사람에게 권할 것이다.

■ 한자의 훈과 음

• 不(아닐 불) • 信(믿을 신) • 但(다만 단) • 看(볼 간) • 筵(대자리 연)
• 中(가운데 중) • 酒(술 주) • 杯(잔 배) • 先(먼저 선) • 勸(권할 권)
• 有(있을 유) • 錢(돈 전) • 人(사람 인)

해설

술은 참 묘한 음식이다. 일정 시간 동안 쾌락의 극치를 맛보게 해 주는가 하면, 또 기억 불능의 무의식 상태까지 가게 했다가 다시 정상적인 상태로 돌아오게 해 주기도 한다. 그러니 어쩌면 술은 음식이라고 하기보다는 신기한 약이라고 해야 옳을 듯한 음식이다.

이 마술의 음식은 이것을 즐기는 술좌석에서까지도 우리들의 눈을 자극시키는 두드러지는 현상까지 보여주니 이리저리 술은 여러 마력을 가졌나 싶다. 다름 아닌 소인들의 '아부' 현상이다. 본문의 지적이 바로 이것을 말하고 있는 것이다. 술좌석에서 상사나 권세가에게 아부하는 대단히 현실적인 '소인'들의 눈꼴 사나운 모습은 예나 지금이나 크게 다를 바 없는 모양이다.

삶의 희로애락을 과장하여 표현함으로써 기쁨을 같이하기도 하고, 또 평소엔 드러내지 않았던 본성과 습성들을 보여주면서

◆ 不信(불신)-믿지 못하다.
◆ 但(단)-다만. ~만.
◆ 筵中(연중)-연석(宴席). 즉 잔치를 베푸는 자리를 말함.
◆ 杯杯(배배)-잔이면 잔 마다. 모든 잔들.
◆ 先勸(선권)-먼저 권하다.
◆ 有錢人(유전인)-돈 있는 사람. 즉 부자를 말함.

실례도 하고 실수도 하는 것이 술좌석의 보편적인 현상이다. 이런 술자리에서 순수한 마음과 진솔한 감정이 서로 교환 될 때 그 최고의 즐거움을 맛볼 수 있게 되는 것이다. 그래서 이때에 저지른 실수는 오히려 때로 미화되기도 한다.

그러나 술자리에서의 지나친 아부는 언제나 주위 사람들의 빈축을 사게 되지만, 그럼에도 힘의 논리에 따른 씁쓸한 현상들은 어제도 오늘도 변함이 없다.

025

求人須求大丈夫 濟人須濟急時無

사람을 구해 줄 때는 끝까지 구해 주는 것이 대장부고, 사람을 구제해줄 때는 끝까지 구제해 줘야 위급한 때가 없게 된다.

한자의 훈과 음

- 求(구할 구)
- 人(사람 인)
- 須(모름지기 수)
- 大(큰 대)
- 丈(어른 장)
- 夫(지아비 부)
- 濟(건널 제)
- 急(급할 급)
- 時(때 시)
- 無(없을 무)

해설

'대장부'란 원래 신체적으로 건강하고 씩씩한 사람을 가리키는 말로 시작되었겠지만, 오늘날은 실제로 신체적 조건보다는 '의로움'에 더 큰 의미를 담아 지칭하는 말로 많이 쓰이고 있다. 그래서 키도 작고 초라하지만 대장부가 되어 큰 대접을 받을 수 있는 것도 이런 이치라 할 것이다.

외형과는 상관없이 인본(人本)에 가치 척도를 두고 마땅히 해야 할 일에 최선을 다 하며 때로는 '의(義)'에 목숨까지도 불사하는 대장부들은 모두가 시대의 귀중한 꽃이 아닐 수 없다. 그런 대장부를 역사는 결코 외면하지 않으며, 혹 그 당대에서는 제대로 평가를 받지 못했다 할지라도 그의 의로운 행적은 후손들을 따뜻하게 해 주는 화로가 되어 언제나 훈풍을 발하게 될 것이다.

- 求人(구인)-사람을 구하다. 즉 곤란에 처한 다른 사람을 구해준다는 의미.
- 須(수)-반드시. 꼭 ~해야 한다.
- 大丈夫(대장부)-건장하고 씩씩한 사내. 여기서는 남자다운 사람을 가리킴.
- 濟人(제인)-다른 사람을 구제해 주다.
- 急時(급시)-급한 때. 위급한 순간.

026

渴時一點如甘露 醉後添杯不如無

목이 마를 때 주는 한 모금의 술은 이슬과 같고, 취한 뒤에 주는 한 잔의 술은 주지 않는 것만 못하다.

■ 한자의 훈과 음

- 渴(목마를 갈) • 時(때 시) • 一(한 일) • 點(점 점) • 如(같을 여)
- 甘(달 감) • 露(이슬 로) • 醉(취할 취) • 後(뒤 후) • 添(더할 첨)
- 杯(잔 배) • 不(아닐 불) • 無(없을 무)

해설

독약도 잘 쓰면 약이 된다는 말이 있다. 쥐 잡는 살서약(殺鼠藥)이 그러하다. 이 약은 '스트리크닌'이라는 약제로 만든다고 하는데, 많이 먹으면 신경이 마비되고 근육이 당기며 심한 경련을 일으키다가 마침내는 죽고 말지만, 극히 적은 약으로 잘 조제를 하면 선약(善藥)으로도 쓰일 수 있다는 것이다.

술도 마찬가지 이치임을 우리는 잘 안다. 적절하게 조절할 수 있는 능력이 술을 독약으로 만들 수도 있고 선약으로 만들 수도 있는 기준이 된다.

오늘날의 음주 문화는 그래도 이전에 비해 많이 건전해지고 신사적으로 변했다는 생각이 든다. 한 때는 술을 못 마시면 술자리에 앉아있기 힘든 그런 때도 있었다.

적당하게 술을 권할 줄 아는 사람, 기분 좋게 술을 마실 줄 아는 사람은 이미 구름을 부를 줄 아는 신선(神仙)이라 할 것이다.

◆ 渴時(갈시)-목이 마를 때.
◆ 一點(일점)-한 방울. 한 모금.
◆ 如(여)-~와 같다.
◆ 甘露(감로)-달콤한 이슬.
◆ 醉後(취후)-만취가 된 뒤.
◆ 添杯(첨배)-잔을 더하다. 즉 술을 한 잔 더 준다는 의미.
◆ 不如(불여)-~만 못하다.

027

山中也有千年樹 世上難逢百歲人

산중에는 천 년이나 묵은 나무도 있지만, 세상에는 백 살 된 사람도 만나보기 어렵다.

■ 한자의 훈과 음

- 山(뫼 산) • 中(가운데 중) • 也(어조사 야) • 有(있을 유) • 千(일천 천)
- 年(해 년) • 樹(나무 수) • 世(인간 세) • 上(위 상) • 難(어려울 난)
- 逢(만날 봉) • 百(일백 백) • 歲(해 세) • 人(사람 인)

해설

"천지란 만물이 잠시 머무는 여인숙이요, 세월이란 영원히 길을 가는 나그네다.(天地者萬物之逆旅 光陰者百代之過客)"라고 노래한 이백의 글이 생각난다.

그 만물 중에 하나로 존재하는 우리 인간의 유한성을 가만히 계산해 보노라면 너무 지나치게 욕심을 낼 것도 아니요, 시간을 허송세월하며 무의미하게 보내서도 안 되겠다는 생각을 해보게 된다.

본문의 말처럼 우리는 백 년을 넘기기 어려운 존재들이다. 그런 우리가 천지라는 이 여인숙에 행복하게 잘 머물렀다 떠나기 위해서는, 잠시 동안이지만 같은 방에 투숙하게 된 손님과 마음 맞춰 잘 지내야 할 것이다. 그 잠시 동안 함께 머물고 있는 손님이 곧 우리 부부가 아니겠는가? 이 천지라는 여인숙을 떠나가기 전에 아내에게 남편에게 잘 하고자 노력할 일이다.

- ◆ 山中(산중)-산 속.
- ◆ 也(야)-~도.
- ◆ 千年樹(천년수)-천 년 묵은 나무.
- ◆ 難逢(난봉)-만나기 어렵다.
- ◆ 百歲人(백세인)-백 살 된 사람.

028

世上若要人情好 賖去物件莫催討

세상에서 만일 다른 사람과 감정이 좋기를 원한다면, 외상으로 물건을 주고 빚 재촉을 하지 말라.

■ 한자의 훈과 음

• 世(인간 세) • 上(위 상) • 若(같을 약, 만약 약) • 要(구할 요) • 人(사람 인)
• 情(뜻 정) • 好(좋을 호) • 賖(외상으로 살 사) • 去(갈 거) • 物(만물 물)
• 件(사건 건) • 莫(말 막) • 催(재촉할 최) • 討(칠 토)

해설

모든 사람과 관계가 원만하기란 참 어려운 일이다. 그것은 각자의 처지가 다르고 추구하는 것이 다르기 때문이다. 그럼에도 간혹 좋은 관계를 유지하는 사람들을 볼 수 있는데, 그들의 공통적인 특징은 먼저 상대방의 의견이나 주장을 충분히 들어주고 그리고 나서 자신의 입장을 완곡하게 설명해주는 것이다. 이들은 자신의 입장이나 주장이 상대방에게 관철되기를 강요하기보다는 상대방이 이해해 줄 수 있기를 기다리는 식이다. 그래서 때로는 설득력이 약하고 손해를 보는 경우도 있지만, 길게 두고 보면 결과적으로 강하게 대처하는 것보다 훨씬 큰 효과와 소득을 얻는 경우도 많다.

외상이라는 것, 상술의 한 방편으로 잘 운용하기만 하면 서로에게 큰 덕이 되지만, 그렇지 않은 경우에는 또 돈도 잃고 사람도 잃게 된다.

◆ 若(약)-만약
◆ 要(요)-~하고자 하다.
◆ 人情好(인정호)-인정이 좋다. 사람과의 감정이 좋다.
◆ 賖去(사거)-외상으로 주다.
◆ 莫(막)-~하지 말라.
◆ 催討(최토)-재촉하며 꾸짖다.

029

平生莫作皺眉事 世上應無切齒人

평생 눈살 찌푸리는 일이란 하지 말라. 그러면 이 세상에 응당 이 가는 사람이 없게 될 것이다.

한자의 훈과 음

- 平(평평할 평) • 生(날 생) • 莫(말 막) • 作(지을 작) • 皺(주름 추)
- 眉(눈썹 미) • 事(일 사) • 世(인간 세) • 上(위 상) • 應(응할 응)
- 無(없을 무) • 切(끊을 절) • 齒(이 치) • 人(사람 인)

해설

얼굴은 그 사람의 감정과 심적 상태를 투영해 주는 거울이라 하였다. 그래서 기분이 좋지 못할 때는 표정이 좋을 리 없다. 그 표정에 가장 큰 몫을 차지하고 있는 것이 주름이다. 주름은 그 사람의 과거 행적과 현재의 행복지수를 말해주는 가장 믿을 만한 척도가 된다.

링컨은 나이 마흔이면 자신의 얼굴에 책임을 져야한다고 하였다. 고달픈 삶의 여정으로 만들어진 자글자글한 주름은 어쩔 수 없다 할지라도 불평불만과 다툼으로 만들어지는 지금 내 미간의 눈살은 내가 잘 다스려야할 부분이리라.

격한 마음에 퍼붓고 싶었던 말을 죄다 쏟아놓고 나면 시원한 부분도 있지만, 그러지 않아도 충분히 감정을 전달할 수 있었고 문제를 해결할 수 있었을 텐데 하고 후회하는 때가 더 많다.

- ◆ 平生(평생)-일생동안.
- ◆ 莫(막)-~하지 말라.
- ◆ 作(작)-~을 하다.
- ◆ 皺眉事(추미사)-눈살 찌푸리는 일.
- ◆ 應無(응무)-마땅히 없다.
- ◆ 切齒人(절치인)-이를 가는 사람. 즉 원수가 되어 앙갚음을 하고자 하는 사람을 말함.

030

是非只爲多開口 煩惱皆因强出頭

시빗거리는 오직 입놀림이 많기 때문이고, 번뇌는 모두 억지로 특출해 보이려는 것에 원인이 있다.

한자의 훈과 음

- 是(옳을 시) • 非(아닐 비) • 只(다만 지) • 爲(할 위) • 多(많을 다)
- 開(열 개) • 口(입 구) • 煩(괴로워할 번) • 惱(괴로워할 뇌) • 皆(다 개)
- 因(인할 인) • 强(굳셀 강) • 出(날 출) • 頭(머리 두)

해설

옛날부터 말조심에 대한 글과 가르침이 참 많다. 그 중 중국 후당(後唐) 때 재상을 지낸 바 있었던 풍도(馮道)의 <설시(舌詩)>는 인구에 회자하는 글이다.

"입은 재앙을 불러들이는 문이요,(口是禍之門)
혀는 몸을 자르는 칼이로다.(舌是斬身刀)
입을 닫고 혀를 깊이 감추면,(閉口深藏舌)
가는 곳마다 몸이 편안하리라.(安身處處牢)"

한 때 우리나라 조선의 연산군도 탄언이나 직소를 방지하기 위해 환관들에게 이 시가 적힌 '신언패(愼言牌)'를 차고 다니게 하였다고 한다. 물론 풍도의 훈계는 말을 심사숙고하여 하라는 말일 것이다. 해야 할 말을 하지 못함은 정도가 아니다.

- ◆ 是非(시비)-옳고 그름. 곧 시빗거리를 말함.
- ◆ 只(지)-단지. 다만. ◆ 爲(위)-- 때문이다.
- ◆ 多開口(다개구)-입을 여는 것이 많다. 곧 말을 많이 한다는 의미.
- ◆ 煩惱(번뇌)-근심. 걱정거리. ◆ 皆(개)-모두.
- ◆ 因(인)-~으로 인함이다. ~때문이다.
- ◆ 强(강)-억지로.
- ◆ 出頭(출두)-머리를 내 놓다. 특출 나게 뾰족 튀어나오다.

031

枯木逢春猶再發 人無兩度再少年

마른 나무는 봄이 되면 다시 피지만, 사람에겐 두 번 다시 젊음이 없다.

한자의 훈과 음

- 枯(마를 고) • 木(나무 목) • 逢(만날 봉) • 春(봄 춘) • 猶(오히려 유)
- 再(다시 재) • 發(필 발) • 人(사람 인) • 無(없을 무) • 兩(두 량)
- 度(법도 도) • 少(적을 소) • 年(해 년)

해설

사철의 변화에 따른 나무의 생태와 인간의 삶을 비교하는 것은 격에 맞지 않는다. 하지만 한 번 뿐인 우리의 청춘을 허송하지 말라고 강조하기 위한 비유가 아니겠는가?

쾌락이란 언제나 현재형에 그 가치가 있는 것이고, 후회는 또 언제나 지난 후에 오는 것이기에, 우리가 항상 견지해야할 것은 '꿈'과 '의지'와 '끈기'일 것이다. 이 세 가지는 꿈을 완성하기 위한 필수적인 요소가 아닐 수 없다.

머리도 좋고 노력도 많이 하는 사람, 머리도 나쁘고 노력도 안 하는 사람, 머리는 좋으나 노력하지 않는 사람, 머리는 나쁘나 노력하는 사람, 이 네 가지 유형 중에 내 자신은 어디에 해당될까? 가장 후회가 적고 감동적인 삶의 주인공은 바로 마지막 네 번째 유형이다.

- ◆ 枯木(고목)-마른 나무. 여기서는 완전히 말라 죽은 고목이 아니라, 잎이 다 떨어지고 줄기만 남은 나무를 가리킴.
- ◆ 逢春(봉춘)-봄을 만나다. 봄이 되다.
- ◆ 猶(유)-오히려.
- ◆ 再發(재발)-다시 피다.
- ◆ 兩度(양도)-두 번. <度>는 횟수를 나타내는 양사다.
- ◆ 少年(소년)-남녀 구분 없이 젊은 나이의 "청소년"을 말함. 혹은 "청소년 시기"로 보아도 좋음.

032

百世修來同船渡 千年修來共枕眠

백 년을 수양해야 같은 배로 강을 건널 수 있고, 천 년을 수양해야 같은 베개로 잠을 잘 수가 있다.

■ 한자의 훈과 음

- 百(일백 백) • 世(인간 세) • 修(닦을 수) • 來(올 래) • 同(한가지 동)
- 船(배 선) • 渡(건널 도) • 千(일천 천) • 年(해 년) • 共(함께 공)
- 枕(베개 침) • 眠(잠잘 면)

해설

우리가 지금 친구나 혹은 부부로 인연을 맺을 수 있었던 확률을 계산해 보면 참으로 기적 중에서도 기적이었음을 절감하게 될 것이다. 인류의 기나긴 역사 중에서도 다행히 지금, 지구의 그 넓은 땅 덩어리 위에서도 다행히 이곳에, 1억 마리 정자 중에 선택된 그 하나와 난자가 만나서 내가 된 지금, 나와 똑 같은 경우의 수를 가진 또 다른 어떤 한 사람과 오늘 친구가 되고 혹은 부부가 되었다는 사실은 그 어떤 감탄사로도 표현할 수 없는 경이(驚異)인 것이다.

불가(佛家)에서는 백 년에 한 번 날아오는 새가 달덩이만한 쇠구슬을 쪼아 그것이 없어졌을 때 만날 수 있는 인연을 곧 부부의 인연이라고 말한단다.

아내나 남편이 한 없이 미울 때, 서로 도저히 용서를 할 수가 없다는 결론이 나왔을 때도, 우리의 인연이 이렇게 어렵게 이루어졌다는 것을 생각한다면 어찌 다 해결이 되지 않겠는가?

◆ 百世(백세)-백 년.
◆ 修來(수래)-수양을 하다. <來>는 아무런 의미 없이 문장을 연결시켜주는 역할을 함.
◆ 同船(동선)-같은 배. 배를 같이 타다. ◆ 渡(도)-강을 건너다.
◆ 共枕(공침)-함께 베개를 베다. ◆ 眠(면)-잠을 자다.

033

父母恩深終須別 夫妻義重也分離

부모님의 은혜가 아무리 깊어도 끝내는 이별을 해야 하고, 부부간의 의(義)가 아무리 중해도 역시 헤어지게 되어 있다.

■ 한자의 훈과 음

● 父(아비 부) ● 母(어미 모) ● 恩(은혜 은) ● 深(깊을 심) ● 終(끝날 종)
● 須(모름지기 수) ● 別(나눌 별) ● 夫(지아비 부) ● 妻(아내 처) ● 義(옳을 의)
● 重(무거울 중) ● 也(어조사 야) ● 分(나눌 분) ● 離(떠날 리)

해설

죽음으로 인한 이별 이야기다. 내가 세상에 태어날 수 있었음은 부모님의 은혜 때문이요, 내가 자식을 낳을 수 있었음은 또 남편이나 아내와의 '의(義)'라는 관계가 있었기 때문이다. 그러나 유한한 우리의 삶이기에 언젠가는 부모와도 배우자와도 모두 이 세상에서 영원히 이별을 해야만 하는 것이니, 이치적으로야 당연한 일이지만 떠나고 떠나보냄은 언제나 슬픈 일이다.

정해진 법칙이기에 부모든 배우자든 이별의 슬픔을 감내해야 함은 또 어쩔 수 없다할지라도 보내고 나서 후회하지 않도록 눈으로 입으로 손으로 감사와 애정을 나눌 수 있을 때에 최선을 다할 일이다.

◆ 恩深(은심)-은혜가 깊다.
◆ 終(종)-마침내. 끝내는.
◆ 須別(수별)-반드시 헤어지다.
◆ 夫妻(부처)-남편과 아내. 즉 부부를 말함.
◆ 義重(의중)-의(義)가 막중하다. <義>에는 골육간의 관계를 "맺는다"는 뜻도 있는데, 여기서는 부부간의 "관계"를 말함.
◆ 也(야)-역시.
◆ 分離(분리)-헤어지다.

034

人生似鳥同林宿 大限來時各自飛

인생이란 마치 새가 같은 숲에서 잠을 자는 것과 같은 것이다. 떠날 때가 되면 각자 스스로가 따로 날아가게 된다.

■ 한자의 훈과 음

- 人(사람 인) • 生(날 생) • 似(같을 사) • 鳥(새 조) • 同(한가지 동)
- 林(수풀 림) • 宿(잘 숙) • 大(큰 대) • 限(한계 한) • 來(올 래)
- 時(때 시) • 各(각각 각) • 自(스스로 자) • 飛(날 비)

해설

만났다 헤어지는 인간사 이야기다. 우리의 인생을 새들이 하룻밤 같이 묵었다가 다음날 아침 각자 자기 길을 떠나는 것과 같다는 것으로 비유를 하고 있다.

"강산은 만고의 주인이요, 사람은 백 년의 손님이라.(江山萬古主, 人物百年賓)"는 표현처럼 크게 생각하면 새나 사람이나 모두 이 강산의 똑 같은 손님의 신분이다.

천년이나 만년을 살 것처럼 다투며 살 것이 아니라, 조금 여유를 가지고 베풀고 웃으며 살아야겠다는 생각이 든다.

- ◆ 似鳥(사조)-새와 같다. <似>는 "~와 같다".
- ◆ 同林宿(동림숙)-같은 숲에서 잠을 자다.
- ◆ 大限(대한)-큰 기한. 즉 세상에 머무는 한 평생을 말함.
- ◆ 來時(래시)-왔을 때. 즉 이 세상을 떠나야할 시간이 되었을 때를 말함.
- ◆ 各自飛(각자비)-각자 날아가다. 정해진 운명에 따라 서로가 각자 이 세상을 떠난다는 의미.

035

鶯花猶怕春光老 豈可教人枉度春

꾀꼬리와 꽃도 봄볕이 다 지나가버릴까 염려하는데, 어찌 사람들에게 봄을 헛되이 보내라고 할 수 있겠는가?

■ 한자의 훈과 음

- 鶯(꾀꼬리 앵) • 花(꽃 화) • 猶(오히려 유) • 怕(두려워할 파) • 春(봄 춘)
- 光(빛 광) • 老(늙을 로) • 豈(어찌 기) • 可(옳을 가) • 教(가르칠 교)
- 人(사람 인) • 枉(굽을 왕) • 度(법도 도)

해설

봄은 일 년 중 가장 놀기 좋은 계절이기 때문에 사람들은 후회 없이 즐길 수 있는 봄이 되기를 원한다. 따스한 봄날 아롱거리는 아지랑이, 만발한 꽃들이 손짓하는 들판, 하루 내내 노래하며 흥을 북돋아 주는 공중의 새들, 이런 봄의 전(全) 방위 유혹들은 사람들의 일손을 놓게 하고 만다.

그러나 봄은 또 한 해의 풍작을 위해 땀 흘려 씨 뿌리며 준비할 계절임을 잊지 말아야 할 것이다. 인생을 1년 사계로 본다면 춥고 시린 겨울에 해당하는 만년을 따뜻하게 보내기 위해서는 봄에 해당하는 젊은 시절을 땀 흘려 씨 뿌려야 할 시기로 생각해야 할 것이다.

- ◆ 鶯花(앵화)-꾀꼬리와 꽃.
- ◆ 猶(유)-오히려. ~조차도.
- ◆ 怕(파)-두려워하다. 염려하다.
- ◆ 春光(춘광)-봄빛. 봄볕. 즉 "좋은 시절"을 가리킴.
- ◆ 老(로)-늙다. 여기서는 "다 지나간다"는 의미.
- ◆ 豈可(기가)-어찌 ~할 수 있겠는가?
- ◆ 教(교)-~하게 하다.
- ◆ 枉度(왕도)-억울하게 보내다. 즉 "헛되이 보내다."는 의미. <度>는 <渡>와 같은 뜻으로 쓰였음.

036

紅粉佳人休便老 風流才子莫叫貧

어여쁜 미인은 그냥 늙어가게 하지 말고, 풍류에 찬 재자가인은 궁하게 지내도록 하지 말라.

■ 한자의 훈과 음

- 紅(붉을 홍) • 粉(가루 분) • 佳(아름다울 가) • 人(사람 인) • 休(쉴 휴)
- 便(편할 편) • 老(늙을 로) • 風(바람 풍) • 流(흐를 류) • 才(재주 재)
- 子(아들 자) • 莫(말 막) • 叫(부르짖을 규) • 貧(가난할 빈)

해설

일반적으로, 사람은 봄에 해당하는 청춘기를 어떻게 보냈느냐에 따라 중년과 노년의 행복이 결정된다. 젊은 시절을 여한 없이 놀고 즐겼다면, 다른 사람이 고생하여 이룬 성공을 보고 부러워할 필요도 없고, 샘을 내서도 안 될 일이다. 왜냐하면 자기는 젊었을 때 미리 누릴 수 있는 쾌락을 만끽한 것이고, 뒤에 성공한 사람은 우선에 쾌락은 뒤로 하고 먼저 고생을 통해서 그 행복을 얻은 것이기 때문이다. 말인 즉 옳다. 그러나 약체인 우리는 유희도 성공도 다 내 것이 되면 좋겠다고 희망한다.

본문의 의미는 사람들이 좋은 때를 즐길 수 있도록 이해를 해 주고 또 허락을 해 줄 것을 말하고 있는 것 같다. 하지만 짧은 우리의 인생을 생각하면, 홍안의 호시절에 재기 발랄한 젊은 시기에 오감의 만족만을 위해 청춘을 허송하는 것은 옳은 일이 아니라 생각된다.

◆ 紅粉(홍분)-붉은 가루. 여기서는 "붉게 화장한", 혹은 "아름다운"의 뜻으로 쓰임.
◆ 佳人(가인)-아름다운 사람. 즉 미녀를 가리킴.
◆ 休(휴)-~하지 말라. 금지를 나타냄. ◆ 便老(편로)-그냥 늙어가다.
◆ 風流才子(풍류재자)-풍류를 즐길 줄 아는 재능 있는 사내.
◆ 莫(막)-~하지 말라. 금지를 나타냄.
◆ 叫貧(규빈)-가난하게 하다. <叫>는 "~하게 하다."

037

大抵選他肌骨好 不搽紅粉也風流

대충 봐서 사람을 골랐는데도 피부와 골격이 훌륭하고, 곱게 화장을 하지 않아도 풍치가 있고 멋이 넘쳐흐른다.

■ 한자의 훈과 음

- 大(큰 대) • 抵(거스를 저) • 選(가릴 선) • 他(다를 타) • 肌(살 기)
- 骨(뼈 골) • 好(좋을 호) • 不(아닐 불) • 搽(칠할 차) • 紅(붉을 홍)
- 粉(가루 분) • 也(어조사 야) • 風(바람 풍) • 流(흐를 류)

해설

사람의 됨됨이와 그 도량은 겉모습에 있는 것이 아니라 그 내면에 있는 것이기 때문에 너무 외모에 큰 비중을 두지 말라는 충고인 듯싶다.

보통, 속이 찬 사람은 몸에 어떤 것을 걸치고 어떻게 치장했는지에 크게 상관없이 언제나 밝고 자신감이 넘친다. 그러나 다 그런 것은 아니지만 요란한 차림에 한껏 멋을 낸 사람 중에는 속빈 강정 같은 그런 사람도 많지 않던가?

특히 평생을 함께 할 배우자를 정할 때 고민이 많은 이유는 겉으로 드러나는 현상보다는 내적으로 보이지 않는 사랑의 깊이와 인간성에 대한 고려 때문일 것이다. 진정한 풍류의 향기는 모든 이를 행복하게 해 준다.

- ◆ 大抵(대저)-대체로 보아서. 무릇. 대강.
- ◆ 選他(선타)-그 사람을 선택하다. 사람을 고르다.
- ◆ 肌骨(기골)-피부와 골격.
- ◆ 不搽(불차)-칠하지 않다. 즉 "화장을 하지 않음"을 말함.
- ◆ 紅粉(홍분)-붉은 가루. 즉 "예쁘게 화장함"을 말함.
- ◆ 也(야)-~도 역시.
- ◆ 風流(풍류)-속사를 떠나 풍치가 있고 멋들어짐.

038

近水樓臺先得月 向陽花木早逢春

물 가까이 있는 누각이 먼저 달을 보게 되고, 해를 향한 꽃과 나무가 일찍 봄을 맞이한다.

■ 한자의 훈과 음

● 近(가까울 근) ● 水(물 수) ● 樓(다락 루) ● 臺(돈대 대) ● 先(먼저 선)
● 得(얻을 득) ● 月(달 월) ● 向(향할 향) ● 陽(볕 양) ● 花(꽃 화)
● 木(나무 목) ● 早(일찍 조) ● 逢(만날 봉) ● 春(봄 춘)

해설

'위치' 철학에 관한 이야기다. 내가 어디에 서 있는가, 내 사업터가 어디에 위치해 있는가 하는 문제는 삶과 사업의 성공여부를 결정해 주는 대단히 중요한 요소가 된다.

그러나 그 '위치'란 내가 어쩔 수 없이 받아들여야할 그런 위치가 있고, 또 내 의지에 따라 충분히 변화 가능한 위치가 있을 수 있으니, 우리가 살면서 노력해야할 부분은 후자라 할 것이다. 꿈의 실현을 위해서는 분명 유리한 '자리'가 있고, 사업을 성공적으로 일구기 위한 최고의 '자리'가 분명 있기 때문이다.

우리가 바꿀 수 없는 것은 불평불만을 한다 해서 달라질 것이 없기에 가능하면 자신에게 위로가 되고 힘이 되도록 마음 다스리기를 잘 해서 받아들이고, 변화시킬 수 있는 요소에 대해서는 모든 지혜와 노력을 동원하여 최상의 것으로 채우는데 매진해야 할 것이다.

◆ 近水(근수)-물 가까이. 즉 "깊이나 연못 가"를 가리킴.
◆ 樓臺(누대)-누각.
◆ 先得月(선득월)-먼저 달을 얻다. 즉 "먼저 달을 보게 된다."는 의미.
◆ 向陽(향양)-해를 향하다. 남쪽을 향하다. 남향.
◆ 花木(화목)-꽃과 나무.
◆ 早逢春(조봉춘)-일찍 봄을 만나다. 즉 빨리 움이 트고 꽃이 핀다는 의미.

039

牡丹花好空入目 棗花雖小結實成

모란꽃이 보기는 좋지만 그저 눈에만 좋을 뿐이고, 대추 꽃은 비록 작지만 과실을 맺는다.

■ 한자의 훈과 음

- 牡(수컷 모) ● 丹(붉을 단) ● 花(꽃 화) ● 好(좋을 호) ● 空(빌 공)
- 入(들 입) ● 目(눈 목) ● 棗(대추나무 조) ● 雖(비록 수) ● 小(작을 소)
- 結(맺을 결) ● 實(열매 실) ● 成(이룰 성)

해설

삼라만상에서 그 어느 것 하나 존재의 의미가 없는 것은 하나도 없다. 다만 인간 입장에서 임의적으로 해석하고 편의에 따라 가치를 부여함으로써 호오(好惡)와 미추(美醜)의 구분이 있게 되었을 뿐이다.

그래서 항간에서는 "모르면 잡초, 알면 약초"라는 말도 생겨난 것이 아니겠는가? 약초가 되지 못하고 잡초로 남아 있는 것은 그 '잡초'에게 우리가 아직 이름을 붙여주지 아니하였거나, 혹은 아직 그것의 효용 가치를 찾아내지 못한 우리 인간들의 한계 때문인 것이다.

"하늘은 이름 없는 풀을 만들지 않았고, 하늘은 이름 없는 사람을 만들지 않았다.(天不生 無名之草, 天不生 無名之人.)"라고 하였다. 이는 천지 만물의 존엄성과 그들이 각각 가지고 있는 가치와 의미를 잘 대변해 주는 말이다.

◆ 牡舟花(목단화)-목단 꽃. <牧丹>은 우리말로 "모란"이다.
◆ 空(공)-그저. 내실 없이. 부질없이.
◆ 入目(입목)-눈에 들어오다. 눈에 비치다.
◆ 棗花(조화)-대추나무 꽃.
◆ 雖(조)-비록 ~라 할지라도.
◆ 結實成(결실성)-결실을 이룬다. 즉 "열매를 맺는다."는 말이다.

모란꽃은 화려하지만 열매를 맺지 못하고, 대추 꽃은 보잘 것 없으나 열매를 맺는다는 본문의 논조는 외양보다는 내실이 중요하다는 사실을 강조하기 위한 것이다. 유익한 비유라 생각한다. 그러나 우리 자신이 모란꽃이 되어 생각해 본다면, 너무 한 가지 특징만을 강조하여 모란꽃의 가치를 너무 과소평가하였다 싶어 섭섭할지도 모르겠다.

040

古人不見今時月 今月曾經照古人

옛날 사람들은 지금 이 시각의 달을 보지 못했지만, 지금 달은 일찍이 옛날 사람들을 비춰주었다.

■ 한자의 훈과 음

- 古(옛 고)
- 人(사람 인)
- 不(아닐 불)
- 見(볼 견)
- 今(이제 금)
- 時(때 시)
- 月(달 월)
- 曾(일찍 증)
- 經(날 경)
- 照(비출 조)

해설

하늘의 변함없는 주인이라면 해와 달과 별일 것이다. 해가 아빠라면 달은 엄마요, 별은 그의 자식들처럼 보인다. 이 땅 위의 우리 인간들이 피고지기를 반복하고 있는 동안에도 이들은 언제나 변함없는 그 자리를 지키고 있었던 주인들이다. 사연도 많은 인생의 생로병사를 지켜봐 주면서 그들은 때로 우리에게 채근을 하기도 하고 때로는 위로를 해 주기도 하고, 또 때로는 격려를 해 주기도 하였다.

그 중에서도 우리가 가장 정겹게 고민을 나누고 눈물지며 하소연하기에 편한 대상은 아마도 달이 아니었을까? 사연도 많은 우리 인간들 …….

집 떠난 나그네 고향이 그리울 때, 유학 간 자식 부모 품안이 생각날 때, 군대 간 젊은 청춘 처자식이 보고 싶을 때, 저 달은 세월 좀 빨리 가게 해 달라는 하소연을 들었을 것이요, 술과

- ◆ 古人(고인)-이미 죽은 옛날 사람.
- ◆ 不見(불견)-보지 못하다.
- ◆ 今時月(금시월)-지금 이 시각의 달.
- ◆ 今月(금월)-오늘의 달.
- ◆ 曾經(증경)-일찍이 ~한 적이 있다.
- ◆ 照古人(조고인)-옛날 사람을 비춰주다.

여인을 벗 삼아 풍류를 즐기던 한량들이 상춘을 할 때는 또 시간을 영원히 멈추게 해달라는 애원도 들었을 것이다. 그런가 하면 또 밤이슬 맞아가며 남의 담을 넘나들던 양상군자들로부터는 잠시 눈 좀 감아달라는 반 협박을 받았을지도 모른다. 그 복잡한 인간들의 탄식과 눈물, 애원과 원망 속에서도 저 달은 우리의 엄마같이 포근한 미소로 모든 것을 다 감싸주고 들어주었던 것 같다.

어제도 그랬듯이, 오늘도 그리고 내일도 변함없이 우리 머리 위에서 엄마가 되어주고, 친구가 되어주고, 그리고 또 추억록이 되어줄 수 있기를 간절히 바란다.

041

馬行無力皆因瘦 人不風流只爲貧

말에게 달릴 힘이 없는 것은 다 허약한 탓이고, 사람에게 풍류가 없는 것은 단지 가난 때문이다.

한자의 훈과 음

- 馬(말 마) • 行(갈 행) • 無(없을 무) • 力(힘 력) • 皆(다 개)
- 因(인할 인) • 瘦(파리할 수) • 人(사람 인) • 不(아닐 불) • 風(바람 풍)
- 流(흐를 류) • 只(다만 지) • 爲(할 위) • 貧(가난할 빈)

해설

모든 만물은 그 자체에 어울리는 특징이 있고 가치 기준이 있다. 그 특징과 가치 기준이 가장 잘 표현되었을 때, 최고의 평가를 받게 된다. 그런 면에서 말에게는 강한 힘을 쓸 수 있는 체력과 지구력이요, 사람에게 있어서는 인간성과 풍류가 최고의 가치 기준이 아닐까 한다.

요즘에 와서 '풍류'라 하면, 주로 돈이나 펑펑 쓰고 바람이나 피우고 다니는 '제비' 생활을 가리키는 의미로 많이 쓰이지만, 그 이전에는 풍치 있고 우아한 모습의 풍류남아가 속세를 떠나 자연과 함께하며 고상하게 지내는 생활을 뜻하기도 하였다. 그러나 더 이전에 '풍류'라는 말은 예의와 도덕에 근거하여 인생을 참되게 사는 성현들의 풍속을 가리키던 말이었다고 한다. 그렇다면 본문에서 이야기하고 있는 '풍류'는 애초에 성현들이 견지

◆ 馬行(마행)-말이 길을 가다. 말이 달리다.
◆ 無力(무력)-힘이 없다.
◆ 皆因瘦(개인수)-모두가 여윈 탓이다. 말이 제대로 못 먹어 아주 말라 있기 때문이다. <因>은 "~때문이다."
◆ 風流(풍류)-속세를 떠나 풍치가 있고 멋들어지게 사는 모습.
◆ 只(지)-다만. 단지.
◆ 爲貧(위빈)-가난 때문이다. <爲>는 "~때문이다."

하였던 훌륭한 삶의 태도와 풍속을 가리키던 것과는 거리가 있는 듯하다.

실제로 현대는 돈이 모든 면에서 편리함과 불편함을 결정지어 주는 세상이 되었고, 그 돈의 위력으로 예의와 도덕 정도는 무시를 해도 사는데 별 불편함이 없는 세상으로 되었지만, 그런 중에도 부귀와 관계없이 올바른 삶을 살아가는 사람들을 보면 애초에 모범이 되었던 성현들의 진정한 '풍류'가 생각나는 것이다.

042

誰人背後無人說 那個人前不說人

누군들 뒤에서 남의 말을 하는 사람 없겠느냐? 그 사람 앞에서는 그 사람 이야기 못하는 법이다.

■ 한자의 훈과 음

- 誰(누구 수) • 人(사람 인) • 背(등 배) • 後(뒤 후) • 無(없을 무)
- 說(말씀 설) • 那(어찌 나) • 個(낱 개) • 前(앞 전) • 不(아닐 불)

해설

모든 사람은 관계 속에서 살아간다. 그 관계 속에서는 나에게 좋은 관계도 있고, 나쁜 관계도 있을 수 있다. 좋은 관계의 사람에게는 좋은 이야기를 하고, 나와 좋지 못한 관계에 있는 사람에 대해서는 좋은 이야기를 할 수가 없는 것이 일반적인 이치이다.

그러나 좋지 못한 말이나 흉을 보는 말은 그 당사자 앞에서는 하기가 쉽지 않다. 그래서 그가 없는 곳에서 마음이 통하는 사람끼리만 그에 대한 정보나 느낌을 공유한다.

이러한 일반적인 현상 속에서도, 남의 말을 잘 안 하는 사람이 간혹 있다. 남들이 하는 험담을 들어주기는 하지만, 호들갑스럽게 맞장구를 치거나 혹은 자기가 나서서 주동적으로 비평을 하거나 흉을 보지는 않는 것이다. 이런 사람을 우리는 입이 무거운 사람이라고 말하곤 한다. 이런 사람은 얼른 친해지기는 어렵지만 한 번 친해지면 믿음 있는 관계를 유지할 수 있다.

- ◆ 誰人(수인)-누군들. 그 어떤 사람이든.
- ◆ 背後(배후)-등 뒤에서. 사람이 보이지 않는 곳에서.
- ◆ 無人說(무인설)-남의 말을 하는 사람이 없다.
- ◆ 那個(나개)-그. 지시 대명사로 쓰이고 있음.
- ◆ 人前(인전)-사람 앞. 즉 사람이 있는 그 앞에서.
- ◆ 不說人(불설인)-다른 사람에 대하여 말을 말하지 않다.

삶 속에서는 영원한 친구도 없고, 또 영원한 원수도 없다. 이런 이치를 안다면 지금 가까운 사람이라고 해서 그 사람에게 아무런 부담 없이 남을 비방하는 말을 쉽게 하지는 않을 것이다. 당사자 앞에서는 비평을 못하지만, 누구나 남의 말을 하기 마련이라고 본문은 지적하고 있지만, 어디서나 말을 지혜롭게 표현하면서도 사람의 마음을 상하지 않게 하는 것이 중요한 일이라고 할 수 있다.

043

易漲易退山溪水 易反易覆小人心

쉽게 불고 또 쉽게 빠지는 것이 산 계곡의 물이요, 쉽게 돌아서고 또 쉽게 뒤집히는 것이 소인의 마음이다.

■ 한자의 훈과 음

- 易(쉬울 이) • 漲(불을 창) • 退(물러날 퇴) • 山(뫼 산) • 溪(시내 계)
- 水(물 수) • 反(되돌릴 반) • 覆(뒤집힐 복) • 小(작을 소) • 人(사람 인)
- 心(마음 심)

해설

계곡 물은 하천 물과 다르고, 하천 물은 또 바다 물과 다르다. 물 자체가 다르다는 것이 아니라 그 장소에 따라 물이 불어나고 빠지는 모습이 다르다는 것이다. 이들은 수용의 크기에 따라 그 변화를 아주 다양하게 잘 보여준다. 즉, 계곡에서는 조금만 비가 내려도 졸졸졸 소리를 내며 냇물을 이루었다가 비가 그치면 즉시 물살이 약해지면서 바닥을 드러내고 만다. 그런 반면에 하천이나 바다에서는 그 변화가 아주 느리거나 아니면 어지간해서는 아무런 변화도 없는 듯이 보인다.

꼭 같은 이치에서 우리 인간도 마음의 크기에 따라 그 어떤 자극이나 변화에 대응하는 모습이 확연하게 다르니, 소인과 대인의 차이에서 그런 현상을 분명하게 찾아볼 수가 있다.

재리(財利)에 민감한 소인은 자기에게 유리하다 싶으면 결사적으로 자기주장을 내세우다가 상황이 달라져 자기에게 불리하

◆ 易漲(이창)-쉽게 물이 불다.
◆ 易退(이퇴)-쉽게 물이 빠지다.
◆ 山溪水(산계수)-산 계곡의 물.
◆ 易反(이반)-쉽게 돌아서다.
◆ 易覆(이복)-쉽게 뒤집히다.
◆ 小人心(소인심)-마음이 좁은 사람의 마음.

게 되면 비겁한 논리로 슬그머니 빠지려고 한다. 그런 소인의 모습이 마치 계곡의 물과 같다는 것이다. 그러나 어떤 일에 쉽게 일비일희(一悲一喜)하는 소인과는 달리, 대인은 마치 바닷물처럼 항상 의연한 평상심을 가지고 객관적인 기준을 따라 경거망동하지 않으니, 항상 존경을 받게 되는 것이다.

044

長江後浪催前浪 世上新人趕舊人

뒤에 일어난 장강의 물결은 앞서 일어난 물결을 밀어내고, 세상에 새로 태어난 사람은 기성세대를 밀어낸다.

■ 한자의 훈과 음

- 長(길 장)
- 江(강 강)
- 後(뒤 후)
- 浪(물결 랑)
- 催(재촉할 최)
- 前(앞 전)
- 世(인간 세)
- 上(위 상)
- 新(새 신)
- 人(사람 인)
- 趕(달릴 간)
- 舊(예 구)

해설

유한(有限)한 생명체에게는 태어남이 있으면 떠남이 있게 마련이요, 만들어진 물건에게는 새것이 있으면 헌것이 있게 마련이다. 이 기본적인 자연법칙을 잘 이해하고 순응할 줄 아는 사람은 세상을 편한 마음으로 비교적 행복하게 살아갈 수 있지만, 그렇지 못한 사람은 늘 불안과 초조로 평생을 불행하게 살아가게 된다. 신진대사나 세대교체도 꼭 같은 이치가 아니겠는가?

지금의 이 자리에 내가 앉아 있을 수 있는 것은 누군가가 자리를 비워주었기에 가능했던 것처럼, 내가 떠나야할 시기에는 흔쾌한 마음으로 자리를 비워줄 줄 알아야 마음도 편하고 대접도 받게 된다. 그러나 간혹 우리의 세대교체 현장에서는 자연적인 이치와 순리보다는 자기 입장만을 고려하여 지독한 구린내를 피우다가 불명예스럽게 퇴진하는 그런 모습을 보기도 하고, 또 스승이나 선배 및 상사들의 도움과는 무관하게 오로지 자기가

- ◆ 長江(장강)-중국의 양자강(陽子江).
- ◆ 後浪(후랑)-뒤 따라 오는 물결. 즉 뒤에 생긴 파도.
- ◆ 催前浪(최전랑)-앞에 생긴 파도를 재촉하다.
- ◆ 世上新人(세상신인)-세상의 신세대(新世代).
- ◆ 趕舊人(간구인)-구세대(舊世代)를 밀어내다.

잘 나서 세상을 바꾸어놓을 것처럼 무례함을 보이는 그런 '신인(新人)'을 보기도 한다.

선생님이면 다 좋은 것 같으나, 세상에는 절대 되지 말아야 할 '선생님'이 있으니 '반면교사(反面教師)'다. 반면교사는 모든 면에서 부정적인 것만을 가르쳐주는 선생님이다. 교사(教師)치고는 참으로 비극적인 교사가 아닐 수 없다.

045

筍因落蘀方成竹 魚爲奔波始化龍

죽순은 껍질을 벗음으로써 비로소 대나무가 되고, 고기는 물살을 거슬러 오름으로써 비로소 용이 된다.

■ 한자의 훈과 음

- 筍(죽순 순) • 因(인할 인) • 落(떨어질 락) • 蘀(낙엽 탁) • 方(모 방)
- 成(이룰 성) • 竹(대 죽) • 魚(고기 어) • 爲(할 위) • 奔(달릴 분)
- 波(물결 파) • 始(처음 시) • 化(될 화) • 龍(용 룡)

해설

지게는 농부에게 있어서 가장 기본이 되는 농구(農具)다. 간단한 농구지만 한 번 만들어지면 보통 10년이고 20년이고 농부 등에 붙어서 큰 역할을 하게 된다. 그러나 그렇게 간단한 일개 지게라 할지라도 그것은 만들어지는 순서가 있고 과정이 있다. 처음에 만들어지는 그 과정을 보면 "저것이 무엇이 되겠나." 싶어 시시하다는 생각이 들기도 하지만, 완성된 그것이 농부에게 주는 유익함을 보면 참으로 감탄하지 않을 수가 없다.

우리 인간도 마찬가지다. 하나의 완전한 인격체로 성장해서 독립적인 삶을 영위할 수 있기까지는 땀과 눈물이 수반된 성장 과정이 있기 마련이다. 특히 그 과정 중에서도 온축(蘊蓄)의 공이 많이 필요한 20대를 잘 보낸 사람은 자신의 꿈을 실현하여 신나고 행복하게 일생을 살아가고, 그렇지 아니한 사람은 꿈을 늦게 이루거나 혹은 영원히 이루지 못해 가족과 주위 사람들을

- ◆ 筍(순)-죽순.
- ◆ 因落蘀(인락탁)-껍질이 떨어짐으로 인하여. 즉 껍질을 벗음으로써.
- ◆ 方成竹(방성죽)-비로소 대나무를 이루다. 마침내 대나무가 되다.
- ◆ 魚(어)-물고기.
- ◆ 爲奔波(위분파)-물결 속을 달리기 때문에. 즉 거센 물살을 거슬러 올라감으로써.
- ◆ 始化龍(시화용)-비로소 용이 되다.

안타깝게 만든다.

본문은 대나무와 용의 비유를 통해 "높고 훌륭한 사람이 되기 위해서는 과정이 있는 것이요, 그 과정 속에서 우리는 피와 땀을 두려워하지 말고 어떠한 난관이나 고난이 있더라도 이에 맞서 분투해야 한다."는 메시지를 강조하고 있다.

046

記得少年騎竹馬 看看又是白頭翁

어릴 적 죽마 타고 놀던 것이 기억나는데, 보아하니 벌써 또 백발의 노인이 되었네.

■ 한자의 훈과 음

- 記(기록할 기) • 得(얻을 득) • 少(적을 소) • 年(해 년) • 騎(말탈 기)
- 竹(대 죽) • 馬(말 마) • 看(볼 간) • 又(또 우) • 是(옳을 시)
- 白(흰 백) • 頭(머리 두) • 翁(늙은이 옹)

해설

세월을 비켜간다는 말이 있다. 나이에 비해 젊어 보일 때 우리는 이런 표현을 한다. 그러나 우리에게 단 일 초라도 세월을 비켜갈 수 있는 사람은 없고, 세월이 가면 누구나 다 늙어가기 마련이다. 늙어간다는 것은 삶의 추억록을 한 장씩 더 보태간다는 것을 의미한다. 그래서 오래 산 사람일수록 안주거리로 삼을 만한 이야기가 더 많은 것이다.

몸이 늙어갈 때는 마음도 같이 늙어 가겠지만, 어쩌면 사람들은 몸이 마음보다 훨씬 빨리 늙어가는 것으로 느끼는 것 같다. 그래서 "마음은 아직도 가슴 뛰는 청춘인데, 몸은 이미 백발의 노인이 되어버렸다."는 어르신들의 한탄을 자주 듣는다.

세월의 체감 속도는 나이와 비례한다고 한다. 10대 20대에는 차가 시속 10킬로 20킬로 정도로 천천히 달리는 것 같지만, 60대 70대에는 시속 60킬로 70킬로 속도로 달리는 느낌이라고

◆ 記得(기득)-기억하다.
◆ 少年(소년)-젊은 시절.
◆ 騎竹馬(기죽마)-죽마를 타다.
◆ 看看(간간)-생각해 보다. 관찰해보다.
◆ 又是(우시)-또한 ~이다.
◆ 白頭翁(백두옹)-머리가 하얗게 된 백발의 노인.

…….

시간의 흐름은 언제나 동일한 것이지만, 나이가 들수록 살아갈 날이 자꾸 짧아지고 떠날 때가 가까워지고 있다는 쫓기는 심리에서 시간이 '쏜 살'처럼 느껴지는 것이 아닐까 한다.

047

月過十五光明少 人到中年萬事休

달도 보름이 지나면 그 빛이 엷어지고, 사람도 중년이 되면 모든 일을 그만두게 된다.

■ 한자의 훈과 음

- 月(달 월) • 過(지날 과) • 十(열 십) • 五(다섯 오) • 光(빛 광)
- 明(밝을 명) • 少(적을 소) • 人(사람 인) • 到(이를 도) • 中(가운데 중)
- 年(해 년) • 萬(일만 만) • 事(일 사) • 休(쉴 휴)

해설

자연이 주는 교훈들은 참 많다. 그러나 그 교훈이 누구에게나 다 적용되는 것은 아니다. 그것은 사람들이 얼마나 큰 생각의 깊이를 가지고 있는지에 따라 다르기 때문이다. 달이 하늘에서 변해 가는 모습은 누구나 다 볼 수 있는 현상이다. 하지만 그 속에서 "오르막이 있으면 내리막이 있다."는 이치를 발견하여 희망과 각오를 다짐하거나, 모든 일이 순조롭고 잘 나갈 때 언젠가는 어려움이 닥칠 수도 있으니 위기를 잘 대비하라는 메시지를 읽어내고 이를 삶에 적용하는 사람은 그리 많지 않을 것이다.

그렇다. 영원한 현상이란 있을 수 없는 것이리라. 그러기에 우리는 항상 거안사위(居安思危), 즉 편안한 처지에 있을지라도 위험할 때의 일을 미리 생각하고 항상 겸손한 자세로, 그리고 열심을 다해 노력하라는 주문을 많이 받는다.

"젊고 튼튼한 젊은이여, 재력 있고 잘 나가는 권력자여, 지금 너희들의 그런 현상들이 영원할 줄 아느냐? 그렇지 아니하니

- ◆ 月過十五(월과십오)-달이 15일 보름날을 넘기다.
- ◆ 光明少(광명소)-빛이 적어지다. 즉 달빛이 어두워진다는 의미.
- ◆ 人到中年(인도중년)-사람이 중년 나이에 이르다.
- ◆ 萬事休(만사휴)-만사가 쉬다. 즉 모든 일을 그만두게 된다는 의미.

자중하고 겸손하도록 하라." 달은 분명 이렇게 속삭이고 있는 것처럼 보인다.

048

兒孫自有兒孫福 莫把兒孫作馬牛

자식과 손자들은 그들 스스로 자손의 복을 타고 났으니, 자식과 손자들을 위해서 말과 소처럼 살지는 말라.

■ 한자의 훈과 음

• 兒(아이 아) • 孫(손자 손) • 自(스스로 자) • 有(있을 유) • 福(복 복)
• 莫(말 막) • 把(잡을 파) • 作(지을 작) • 馬(말 마) • 牛(소 우)

해설

흔히 "자기 복은 자기가 타고 난다."고 말하는데, 대체 복이란 무엇인가? 사전에서는 복을 "삶에서 누리는 만족스런 행운이나 거기서 얻는 행복"이라고 정의하고 있다. 그렇다면 만족스런 행운이나 행복은 어떻게 해서 얻을 수 있을까? 이것은 그냥 굴러 들어오거나 아니면 쟁취하여 얻을 수밖에 없는데, 요행으로 그냥 얻을 수 있다면 그 보다 좋을 수는 없지만, 그런 요행만을 바라고 앉아 있어서는 안 되는 것이 우리의 인생이다.

역학에서는 사주를 통해 우리 일생의 흥망성쇠를 다 알 수 있다고 한다. 그러나 장래가 희망적이든 불행이 걸려있든 열심을 다 하고 최선을 다 하는 삶의 태도를 우리의 기본으로 삼아야 할 것이다. 부모가 자식에게 남겨줄 수 있는 유산은 여러 가지가 있겠지만, 물질적인 것보다는 혼자 설 수 있는 패기를 가르쳐 주고 노력하는 자세를 가르쳐줄 수 있다면 이것이 더 큰 선물이

◆ 兒孫(아손)-아들과 손자. 즉 자손을 가리킴.
◆ 自有(자유)-스스로 가지고 있다.
◆ 兒孫福(아손복)-아들과 손자의 복. 즉 자손들이 타고난 복을 말함.
◆ 莫(막)-~하지 말라. 이 <莫>은 뒤의 <作>에 대한 금지를 나타냄.
◆ 把兒孫(파아손)-자손을 붙잡다. 즉 자손을 위하여.
◆ 作馬牛(작마우)-말과 소가 되다. 즉 말이나 소처럼 죽도록 일만하며 산다는 의미.

될 것이다.

"병은 의사가 고치고, 운명은 자기가 고친다."고 하였다. 이 말의 의미를 자식들이 절실하게 깨닫도록 해 주었다면, 더 이상 자식을 위해 소나 말처럼 고생을 해 가면서 풍성한 유산을 마련해 주는 수고는 할 필요가 없을 것이다.

049

乍富不知新受用 乍貧難改舊家風

갑자기 부자가 되면 새롭게 수용할 줄을 모르고, 갑자기 가난해 지면 옛날의 가풍을 고치기 어렵다.

■ 한자의 훈과 음

- 乍(잠깐 사) • 富(부자 부) • 不(아닐 불) • 知(알 지) • 新(새 신)
- 受(받을 수) • 用(쓸 용) • 貧(가난할 빈) • 難(어려울 난) • 改(고칠 개)
- 舊(예 구) • 家(집 가) • 風(바람 풍)

해설

인생의 매력은 변화에 있다고 할 수 있다. 즐거움이 변해서 곧 또 한숨이 될 수도 있지만, 눈물이 변해서 또 웃음이 될 수도 있기 때문이다. 그러기에 우리는 만족스런 삶을 영위하고 있는 중에서도 긴장하지 않을 수 없고, 어려움에 처한 중에서도 희망의 끈을 놓지 않는 것이다.

변화에는 외형적 변화와 내면적 변화가 있다. 좋은 방향으로 변화 발전 되었을 때, 가장 이상적인 것은 외적 변화에 내적 변화도 함께 따라가는 것이다. 그러나 사람에게 무서운 것이 습관이라 하였다. 상황이 개선되었든 악화되었든 그 어떤 변화가 생겼을 때에는 그에 걸맞는 사고와 실천이 필요한 것이다. 그럼에도 옛 습관의 틀을 벗어나지 못하면 결국 고루함을 털어내지 못하고 만다.

"비루한 선비는 시대의 변화를 모른다.(鄙儒不知時變)"고 한

◆ 乍富(사부)-갑자기 부자가 되다. 졸부. <乍>는 "잠깐 사이에", "졸지에".
◆ 不知(부지)-알지 못하다. 모르다.
◆ 新受用(신수용)-새로이 수용하다. 즉 새로운 것을 받아들이는 것을 의미함.
◆ 難改(난개)-고치기 어렵다.
◆ 舊家風(구가풍)-낡은 가풍. 즉 가난할 때 유지해 오던 가풍을 말함.

≪한서(漢書)≫ 중의 대화도 우리로 하여금 진정한 변화란 무엇이며 어떠한 모습이 비루한 선비의 모습인지 다시 한 번 생각하게 해 준다.

050

知音說與知音聽 不是知音莫與傾

지음(知音)의 말은 함께 지음이 들어주지만, 지음이 아니면 함께 귀를 기울이지 않는다.

■ 한자의 훈과 음

- 知(알 지) • 音(소리 음) • 說(말씀 설) • 與(줄 여) • 聽(들을 청)
- 不(아닐 불) • 是(옳을 시) • 莫(말 막) • 與(줄 여) • 傾(기울 경)

해설

친한 친구를 왜 "지음(知音)"이라고 하는지 우리는 그 유래를 잘 알고 있다.

중국 춘추시대 때, 친구인 백아(伯牙)가 거문고를 타면 그 소리만 듣고도 백아의 기분을 알 수 있었던 종자기(鍾子期), 그러나 종자기가 죽고 난 후 자신의 거문고 소리를 이해해줄 사람이 없다고 하여 거문고 줄을 끊어버렸던 백아가 아니었던가?

이토록 두 사람은 말과 표정으로 의사를 전하던 경지를 넘어서서 참으로 이심전심하였던 절친한 친구였기에, 우리는 이로부터 친한 벗을 말할 때 "지음"이라 말하게 된 것이다.

이런 지음간의 이야기는 무슨 말인들 못 들어주고, 무슨 표정인들 못 보아주겠는가? 그러나 생각을 알 수 없고 정서가 전혀 다른 사람과는 소통의 문제는 차치하고라도 함께할 가치도 없다

◆ 知音(지음)-소리를 알다. 여기서는 자신의 소리를 듣고 그 심정을 헤아려줄 수 있는 "친한 친구"를 가리킴.
◆ 與(여)-더불어. 함께.
◆ 聽(청)-듣다. 즉 이야기를 들어줌을 의미함.
◆ 不是(부시)-~이 아니다.
◆ 莫與傾(막여경)-함께 귀를 기울이지 않는다. 즉 함께 상대방의 말을 들어주지 않는다는 의미를 말함.

는 것이 본문의 요지이다.

어떤 한 사람은 간혹 옛 화장터에 올라가 한 번씩 그 자리에 누워보곤 한단다. 그리고 생각한단다.

"내가 죽었다. 누가 가장 슬퍼하는가? 누가 가장 먼저 달려오는가? 그리고 나의 죽음을 애도하는 사람이 몇 사람이나 되는가?"라고 …….

다소 극단적이기는 하지만 자신의 교우관계를 한 번 생각해볼 수 있는 좋은 기회는 될 것이라 생각된다.

051

不孝父母 敬神無益

부모에게 효도하지 않으면, 신을 아무리 공경한다 해도 유익함이 없다.

■ 한자의 훈과 음

• 不(아닐 불) • 孝(효도 효) • 父(아비 부) • 母(어미 모) • 敬(공경할 경)
• 神(귀신 신) • 無(없을 무) • 益(더할 익)

해설

세상에 부모 없이 태어난 사람은 없다. 그렇기 때문에 내가 지금 존재하고 있다는 사실 하나만으로도 부모님께 감사할 일이다. 그러나 지금의 내가 어떤 위치에서 어떠한 삶을 살아가고 있느냐에 따라 부모님에 대한 존경과 감사의 정도에 차이가 있음을 볼 수도 있다.

유행가 <어매>의 가사는 자신의 고생스런 삶을 부모에게 한풀이하는 식의 내용으로 되어 있다.

"어매 어매 우리 어매,
뭣 할라고 날 낳았던가?
낳을려거든 잘 낳거나,
못 낳을라면 못 낳거나.
살자하니 고생이요,
죽자하니 청춘인가.
요놈 신세, 말이 아니네.
어매 어매 우리 어매,
뭣 할라고 날 낳았던가?"

◆ 不孝(불효)-효도를 하지 않다.
◆ 敬神(경신)-신을 공경하다.
◆ 無益(무익)-유익함이 없다. 이익이 될 것이 없다.

어떤 자리에서 노모 칠순 잔치에 부를 노래를 하나 추천해 달라고 했더니 앞에 있던 친구가 이 <어매>라는 노래가 어떻겠느냐고 하여 배꼽을 잡고 웃은 적이 있다.

좋은 내용의 아름다운 곡을 가진 노래들이 참 많을 것이다. 그러나 진정으로 칠순 어머님께 바칠 수 있는 은혜와 감사의 노래는 꼭 세상이 다 아는 노래가 아니어도 좋을 듯싶다. 무반주 무박자의 짤막한 한 소절, "엄니, 참 고마워유. 오래 오래 사세유." 이 한 마디면 족할 것 같다.

052

兄弟不和 交友無益

형제가 서로 화목하지 못하면, 친구를 사귀어도 유익함이 없다.

■ 한자의 훈과 음

• 兄(맏 형) • 弟(아우 제) • 不(아닐 불) • 和(화할 화) • 交(사귈 교)
• 友(벗 우) • 無(없을 무) • 益(더할 익)

해설

형제자매나 남매를 가리켜 우리는 동기(同氣)라 한다. '동기(同氣)'란 부모로부터 꼭 같은 기(氣)를 받아 만들어진 제2의 분신(分身)인 것이다. 이 분신들이 서로 마음이 맞지 않아 다투거나 서로 미워할 때 부모는 마음이 상하지 않을 수 없다. 그래서 우리는 자라면서 "동기간에 서로 싸우지 말고 사이좋게 지내라."는 부모님의 충고를 자주 듣기도 한다.

'동기일신(同氣一身)'이란 말이 있다. 형제자매는 한 몸이나 다름없다는 말이다. 그러나 그 한 몸인 형제도 영원히 한 몸처럼 살 수는 없는 일이다. 그것도 부모 밑에 함께 있을 때나 어느 정도 가능한 말이지, 결혼해서 각자가 독립된 보금자리를 틀게 되면 '일신(一身)'처럼 살던 환경이 달라지고, 그렇게 되면 서로의 관계도 이전보다는 많이 소원해질 수밖에 없다. 그렇기에 함께 있을 때 서로 의좋게 살도록 노력할 일이며, 형제 자매간에 격한 다툼으로 부모님을 속상하게 해서는 안 될 것이다.

형제자매가 함께 살면서 우리는 사회생활의 기초가 되는 인간관계의 기본을 배우게 된다.

◆ 兄弟(형제)-형과 아우. 형제간. 여기에서의 <兄弟>에는 "자매(姊妹)"도 포함되어 있음.
◆ 不和(불화)-화목하지 못하다. ◆ 交友(교우)-친구와 사귀다.
◆ 無益(무익)-유익함이 없다. 이익이 될 것이 없다.

053

欠債怨債主 不孝怨父母

빚쟁이가 돈 빌려준 사람을 원망하고, 불효자가 부모를 원망한다.

■ 한자의 훈과 음

• 欠(하품 흠) • 債(빚 채) • 怨(원망할 원) • 主(주인 주) • 不(아닐 불)
• 孝(효도 효) • 父(아비 부) • 母(어미 모)

해설

한자 성어 중에, "여측이심(如厠二心)"이란 말이 있다. 즉 "똥 누러 갈 적 마음 다르고 나올 적 마음 다르다."는 말이다. 이는 자기 일이 급할 때는 통사정을 하면서 결사적으로 매달리다가 일이 무사히 끝나고 나면 모른 체하거나 도리어 원망까지 하는 경우를 꼬집기 위한 말이다. 실제로 살다보면 이런 배은망덕한 일이 적잖음을 알 수 있다. 그래서 돈이란 빌려 주기는 쉬우나 돌려받기는 어렵다는 뜻으로 "앉아서 준 돈 서서도 못 받는다."는 속담이 있게 된 것이다. 자식에게 부모는 평생 보은의 대상이다. 그러나 어떤 경우에는 길러주고 가르쳐준 부모에게 고마운 은혜를 애써 기억하려고 하기보다는 순간순간 자신을 슬프게 하고 아프게 했던 기억만을 떠올리면서 부모를 공박하는 불효자식들이 있으니, 본문은 이에 대한 지적이다.

부모 노릇 어려운 줄은 자신이 부모가 되어 자식을 키워보면서 비로소 알게 된다. 자식이 아플 때 그 고통을 내가 대신 해줄 수 없어 안타까워하고, 도둑질이라도 해서 자식이 걷고자 하는 길을 지원해 주고 싶은 심정, 그것이 모든 부모의 마음이다. 은인에 대한 원망은 관심과 사랑을 저버린 비뚤어진 보답이다.

◆ 欠債(흠채)-빚을 빌리다. <欠>에는 "하품, 부족, 빚"이란 뜻이 있음. ◆ 怨(원)-원망하다.
◆ 債主(채주)-빚을 준 임자. ◆ 不孝(불효)-불효자. 즉 부모에게 자식 된 도리를 하지 못하는 자식.

054

貪淫好賭 勤儉無益

음란한 것을 탐하고 도박을 좋아하면, 아무리 근검해도 유익함이 없다.

■ 한자의 훈과 음

● 貪(탐할 탐) ● 淫(음란할 음) ● 好(좋을 호) ● 賭(내기 도) ● 勤(부지런할 근)
● 儉(검소할 검) ● 無(없을 무) ● 益(더할 익)

해설

한 여성이 배우자를 선택할 때 고려할 사항으로 여러 가지가 있을 수 있다. 그런데 요즘은 그 고려 사항 중 경제력을 제일 먼저 꼽는단다. 이는 결혼 후의 경제적 안정을 가장 중요하게 생각한다는 말이다.

또 항간에서는 남자 친구를 사귈 때 반드시 피해야할 세 유형이 있는데, 첫째는 의심 많고, 둘째는 소심하고, 셋째는 폭력적인 남자라고 말하는 것을 본 적이 있다. 이것은 꼭 남자친구 선택에만 적용될 내용이 아닌 보편적인 기준이 아닐까 생각된다.

그러나 완벽한 사람은 극히 드물다. 남자도 그렇고 여자도 그러하다. 그렇기에 결혼을 고려할 때는 너무 기준을 높이 잡아서는 안 될 일이다. 자기는 돌아보지 않고 상대의 완벽함만을 찾다가 실패하는 경우가 많다. 상대가 필요충분조건이면 더 없이 좋겠지만, 그러나 다소 모자란 점이 있더라도 적당한 기준 이상이라 생각되면 선택해서 사는 것이 보통 우리들의 모습이

◆ 貪淫(탐음)-음란한 것을 탐하다. 지나치게 색을 탐내다. 즉 여색(女色)에 빠짐을 말함.
◆ 好賭(호도)-도박을 좋아하다. <賭>는 화투 등과 같이 그 승부가 불확실한 일에 요행을 바라고 돈을 거는 일을 말함.
◆ 勤儉(근검)-부지런하고 검소함.
◆ 無益(무익)-이롭거나 도움 될 만한 것이 없음.

다.

옛날 남자들은 특히 외도와 도박을 많이 즐겼던 것 같다. 그러나 남자들은 그것이 부끄러운 줄도 몰랐고 그 피해의 심각성도 구태여 잘 알려고 노력하지도 않았던 것 같다. 그러나 외도와 도박은 자기 혼자에게 국한된 문제가 아니라 가정과 가족들 모두에게 큰 불행을 가져다주는 것이기에 아주 조심해야 할 일이다. 오늘도 이 외도와 도박으로 패가망신한 사람들이 비참한 모습으로 살아가고 있음을 간혹 본다.

055

不惜元氣 服藥無益

원기를 아낄 줄 모르면, 약을 먹어도 유익함이 없다.

■ 한자의 훈과 음

- 不(아닐 불) • 惜(아낄 석) • 元(으뜸 원) • 氣(기운 기) • 服(옷 복)
- 藥(약 약) • 無(없을 무) • 益(더할 익)

해설

병이란 우리 몸의 음양 조화가 깨져서, 즉 없어야 할 것이 너무 많아지거나 꼭 있어야할 것이 너무 적어져서 발병하게 되는 것이란다. 그리고 암과 같은 난치병도 만성적인 피로나 권태감으로 우리 몸의 면역기능이 저하되면서 시작된다고 한다.

약의 존재는 아픈 사람에게 최고의 가치를 가질 것이다. 그래서 건강한 사람에게 약은 별로 큰 가치가 없을 수도 있다. 어쨌든 약 없이 살 수만 있다면 그 사람은 참 행복한 사람이라 할 것이다.

건강을 강조하는 격언 중에 "재물을 잃는 것은 조금 잃는 것이고, 명예를 잃는 것은 많이 잃는 것이며, 건강을 잃는 것은 전부를 잃는 것"이라는 말이 있다. 실제로 천하를 얻었다 하더라도 몸이 성하지 못하면 그것이 무슨 소용이 있겠는가? 그래서 자리에 눕고 나서 건강을 챙기는 어리석음보다는 건강할 때 그 건강을 유지하기 위해 노력하는 지혜가 반드시 필요한 것이다. 그러나 그런 이치를 잘 알면서도 잊고 사는 경우가 많으니 그래서 우리는 "미련한 인간"이란 표현을 자주 쓰지 않던가?

◆ 不惜(불석)-아끼지 않다. 애석하게 생각하지 않다.
◆ 元氣(원기)-본디 타고난 기운. 즉 만물이 자라는 데 근본이 되는 정기.
◆ 服藥(복약)-약을 복용하다. <服>은 "먹다."
◆ 無益(무익)-유익함이 없다. 이익이 되지 못한다.

지나치게 화를 내고, 지나치게 기뻐하고 걱정하고 비통해 하고 두려워하는 것도 몸을 많이 상하게 한다고 하니 이런 점도 신경을 쓸 요소라 할 것이다.

어떤 병이든, 치료가 가능한 초기에 발견이 되었을 때는 대부분 치료와 회복이 가능하지만, 너무 늦게 발견이 되었을 때는 백약이 무효라니, 세상에 만능의 치료약과 의술이 없음을 원망하기 이전에 규칙적인 생활과 운동으로 우리 몸의 원기가 조화를 잃지 않도록 잘 관리를 해야 할 것이다.

056

兒不嫌母醜 犬不厭家貧

아이는 엄마가 못 생겨도 미워하지 아니하고, 개는 집안이 가난해도 싫어하지 않는다.

한자의 훈과 음

- 兒(아이 아) • 不(아닐 불) • 嫌(싫어할 혐) • 母(어미 모) • 醜(추할 추)
- 犬(개 견) • 厭(싫을 염) • 家(집 가) • 貧(가난할 빈)

해설

어린 아이에게 엄마는 이 세상에서 가장 아름다운 사람이요, 무슨 일이든 다 해낼 수 있는 '전지전능'의 해결사다.

이런 이야기가 있다. 어떤 엄마가 미스월드 선발대회 TV방송을 보고 있는데 어린 꼬마가 다가와 뭐하는 거냐고 물었단다. 세상에서 가장 예쁜 사람을 뽑는 것이라고 설명해 주었더니, 그럼 엄마는 왜 안 나갔냐고 되묻더라는 이야기다. 그렇다. 엄마는 그 어떤 조건이나 표준도 필요 없는 이 세상에서 가장 아름다운 최고의 존재다.

그러나 문제는 커 가면서 엄마에 대한 평가가 변해간다는 것이다. 그토록 예쁘고 크게 보이던 엄마가 너무나 평범하고, 초라하고, 무능한 엄마라는 식으로 말이다. 하지만 그것도 성장기에 실상을 알아가면서 내린 평가였음을 뒤에 다시 깨닫게 된단다. 즉 훗날 엄마가 세상을 떠나고, 자기 역시 한 아이의 엄마가 되어 자식을 키워보면서 다시 자기 엄마를 평가하게

- ◆ 兒(아)-아이. 자식.
- ◆ 不嫌(불염)-미워하지 않다. 싫어하지 않다.
- ◆ 母醜(모추)-어머니의 못 생긴 모습.
- ◆ 不厭(불염)-싫어하지 않다.
- ◆ 家貧(가빈)-집안이 가난하다.

된단다. “이 세상에서 우리 엄마만큼 위대한 분은 없었다.”고 …….

개 역시 마찬가지다. 아무리 주인집이 가난하다 할지라도 잘사는 남의 집과 비교해서 가난한 자기 주인을 싫어하거나 미워하지 않는다. 어쨌든 자기를 보호해주고 키워줄 사람은 자기 주인이라는 사실을 잘 알고 있기 때문이다.

057

姜女送寒衣 沿路苦風霜

강녀(姜女)는 겨울옷을 보내기 위해, 길을 따라 가면서 모진 고생을 다 하였다.

■ 한자의 훈과 음

- 姜(성 강) • 女(계집 녀) • 送(보낼 송) • 寒(찰 한) • 衣(옷 의)
- 沿(따를 연) • 路(길 로) • 苦(쓸 고) • 風(바람 풍) • 霜(서리 상)

해설

옛날부터 중국에서는 <우랑직녀(牛郎織女)>, <맹강녀(孟姜女)>, <백사전(白蛇傳)>, <양축(梁祝)> 등과 같은 전설이 전해지고 있는데, 본문은 맹강녀 전설에 대한 이야기다. 내용은 이러하다.

진시황이 이민족의 침략을 막기 위해 만리장성을 축조할 때, 맹강녀의 남편도 인부로 징용이 되어 간다. 남편이 떠난 지 3년이 되어도 아무런 소식이 없자 걱정이 된 맹강녀는 함박눈이 내리는 엄동설한에 남편을 위하여 두툼한 솜옷을 만들어 들고 몇 달을 걸어서 만리장성에 도착한다. 하지만 남편은 이미 죽고 없었다. 맹강녀는 너무나 원통한 나머지 그 자리에 주저앉아 통곡을 한다. 그러자 갑자기 만리장성 성벽이 무너지면서 수많은 시신들의 모습이 드러나고, 여기서 남편의 시신을 발견한다. 맹강녀는 남편 시신을 고향으로 가지고 와서 장례를 지내주고 자신은 그 무덤 앞에서 굶어죽는다.

지금도 중국 하북성 산해관 쪽에는 그녀의 묘가 있으며, 원망

◆ 姜女(강녀)-중국 전설 중의 맹강녀(孟姜女).
◆ 寒衣(한의)-겨울 옷. 즉 솜옷을 가리킴.
◆ 沿路(연로)-길을 따라 가다.
◆ 苦風霜(고풍상)-풍상(風霜)으로 고생하다. 즉 "온갖 고초를 겪는다."는 말이다.

스럽게 만리장성을 바라보고 있는 그녀의 동상도 세워져 있다. 맹강녀 전설은 만리장성이 축조되면서 얼마나 많은 백성들이 희생되었으며, 얼마나 아름다운 사랑이 있었는지를 전해주기 위한 이야기다. 본문은 특히 남편에 대한 아내의 사랑을 강조하기 위한 것이다.

058

丁蘭孝父母 刻木爲爹娘

정란(丁蘭)은 부모에게 효도를 하기 위해, 나무를 깎아서 부모로 삼았다.

■ 한자의 훈과 음

- 丁(네째천간 정) • 蘭(난초 란) • 孝(효도 효) • 父(아비 부) • 母(어미 모)
- 刻(새길 각) • 木(나무 목) • 爲(할 위) • 爹(아비 다) • 娘(아가씨 랑)

해설

정란(丁蘭)이 부모에게 실천했던 지극한 효행에 대한 이야기다. 정란의 사적은 이러하다.

일찍이 어버이를 잃은 정란은 부모에게 공양을 할 수 있는 기회를 잃고 말았다. 이에 그는 어버이가 돌아가신 뒤에 나무로 인형을 만들어 놓고 살아 계신 부모처럼 모셨다. 조석으로 문안을 드리고 출타를 할 때는 반드시 보고를 하였다. 하루는 이웃 사람이 물건을 빌려 달라고 하자 그의 아내가 목각에게 사정을 알렸다. 목각이 기뻐하는 모습이 아니기에 거절을 하였더니 이웃 사람이 목각에게 행패를 부렸다. 정란이 뒤에 불쾌한 표정의 목각상을 보고 그 원인을 알게 되었다. 이에 정란은 그 이웃을 칼로 찔러 죽이고 자신은 체포가 되었다. 정란이 끌려가는 것을 보고 목각이 눈물을 흘렸다는 이야기다.

자식이 부모에게 해야 할 가장 기본이 되는 도덕 원리는 효도이며, 이 효도를 실천하는 데 가장 근본으로 삼아야할 덕목은 은혜에 대한 감사일 것이다. 자식이 은혜에 감사할 줄 알게 되었

◆ 丁蘭(정란)-중국 후한(後漢) 때의 하내(河內) 사람.
◆ 孝父母(효부모)-부모에게 효도하다.
◆ 刻木(각목)-나무를 깎다.
◆ 爲爹娘(위다랑)-아버지와 어머니로 삼다. <爲>는 “삼다, 만들다”. <爹娘>은 아버지와 어머니.

을 때 부모에 대한 사랑과 섬김, 헌신과 배려는 자연스럽게 행해진다.

아는 것과 행하는 것은 근본적으로 다르다. 수천수만의 사실을 알고만 있기보다는 하나라도 정성을 다해 실천하는 것이 중요하다.

059

萬般都是命 半點不由人

모든 것은 다 명(命)에 따를 뿐이고, 반점(半點) 만큼도 사람의 의지대로 되지 않는다.

■ 한자의 훈과 음

- 萬(일만 만) • 般(돌 반) • 都(도읍 도) • 是(옳을 시) • 命(목숨 명)
- 半(반 반) • 點(점 점) • 不(아닐 불) • 由(말미암을 유) • 人(사람 인)

해설

하늘이 정해주는 운명이 있고, 사람 각자가 만들어가는 운명이 있다. 부모와 자식 간에 형성된 관계는 전자에 해당하는 운명이고, 직장이나 각종 인간관계 속에서 만들어지는 관계는 후자에 해당되는 것이라 할 수 있다. 전자는 자신의 의지와는 관계없이 피동적으로 선택되어지는 운명이라고 한다면, 후자는 또 내가 어떤 철학과 의지를 가지고 살아가느냐에 따라 얼마든지 달라질 수 있는 능동적인 운명이라 할 수 있다. 우리에게 중요한 것은 전자보다는 후자라 할 것이다. 그러기에 불우한 운명 속에서 태어나 아무런 희망도 없을 것 같던 한 생명이 약점과 아픔과 시련을 딛고 마침내 우뚝 서서 당당한 역할을 하게 되었을 때 우리는 더욱 큰 감명을 받게 되는 것이다.

노력에 의해 내가 이룬 하나의 값진 성취는 형언할 수 없는 내 자신의 기쁨도 되겠지만, 비슷한 처지에 있거나 평범한 능력

- ◆ 萬般(만반)-모든 일.
- ◆ 都是命(도시명)-모두가 명이다. 즉 모든 일이 명(命)에 따라 된다는 것. <都>는 "모두", <是>는 "~이다."
- ◆ 半點(반점)-조금.
- ◆ 不由人(불유인)-사람으로 말미암지 않다. 즉 사람의 의지나 능력에 의해서 되는 것이 아니라는 의미

을 가진 수많은 사람들에게 큰 희망을 줄 수 있기에 나의 성취는 여기에 더 큰 가치를 가지게 되는 것이다.

"나는 운명을 거부한다."라고 이렇게 자신 있게 말할 수 있는 사람은 자신이 최선을 다해 인생을 살아가겠다는 그 각오를 다짐하는 자라고 할 수 있으며, 분명히 자기가 소망하던 꿈을 훌륭하게 이룰 수 있다는 그 결과를 확신하는 자라고 할 수 있다.

060

山中有直樹 世上無直人

산 속에는 곧은 나무가 있지만, 세상에는 곧은 사람이 없다.

■ 한자의 훈과 음

- 山(뫼 산) • 中(가운데 중) • 有(있을 유) • 直(곧을 직) • 樹(나무 수)
- 世(인간 세) • 上(위 상) • 無(없을 무) • 直(곧을 직) • 人(사람 인)

해설

산 속에는 여러 형태의 나무들이 자라고 있다. 그 중에는 정성을 다해 키운 것도 아닌데 중요한 동량이 될 수 있는 잘 자란 나무들도 참 많다는 것이다. 그러나 산에서 내려와 사람들이 사는 이 세상을 보면, 훌륭한 사람으로 키워보려는 강한 의지를 가지고 온갖 정성을 다해 키운 사람들 중에는 오히려 올곧은 사람이 없다는 이야기다. 반드시 옳은 말은 아니다. 다만 이 말은 세상에 참된 사람이 많았으면 좋겠다는 그 소망을 우회적으로 강조하고자 이렇게 말했을 뿐이라 생각한다.

실제로 세상에는 표 나지 않게 진한 인간 냄새를 풍기며 정직하고 훌륭한 삶을 사는 사람들도 적지 않다. 그런 사람들이 있기에 때로 우리는 세상사에 상처받아 침울해 있다가도 "아직까지는 그래도 살만한 세상"이라고 용기를 공급받아 일어서곤 하지 않던가?

하나의 밝은 촛불이 어두운 주위를 환하게 밝혀주듯, 올곧은 한 사람의 반듯한 삶은 비뚤어진 생각을 하고 있는 많은 사람들

◆ 山中(산중)-산 속. 즉 나무들이 자라고 있는 환경을 가리킴.
◆ 直樹(직수)-곧은 나무. 즉 좋은 목재를 가리킴.
◆ 世上(세상)-세상. 즉 인간들이 살아가고 있는 환경을 가리킴.
◆ 直人(직인)-곧은 사람. 즉 바르게 살아가는 사람을 가리킴.

에게 큰 교훈의 거울이 되어줄 것이다. 인간 생활에서 대부분은 '바름'의 잣대를 모두 자기중심적으로 하고 있기 때문에, 누가 얼마나 절대적인 가늠자를 가지고 있느냐 하는 것이 중요하다 하겠다.

061

相識滿天下 知心能幾人

서로 아는 사람은 천하에 가득하지만, 마음까지 아는 사람은 몇 사람이나 되는가?

■ 한자의 훈과 음

- 相(서로 상) • 識(알 식) • 滿(찰 만) • 天(하늘 천) • 下(아래 하)
- 知(알 지) • 心(마음 심) • 能(능할 능) • 幾(몇 기) • 人(사람 인)

해설

어디든 아는 사람이 있다는 것은 참 마음 든든한 일이다. 일상 중에 아주 친한 사람은 아니라 할지라도 그냥 가볍게 인사라도 나눌 수 있는 지인만 있어도 정서적으로 큰 도움이 되고 안정이 된다. 이런 점은 새로 이사를 하거나 여행을 할 때 아는 사람이 없어서 본능적 '외로움'을 느껴본 사람은 그 중요성을 절실하게 잘 알 것이다.

안다는 것 때문에 때로는 불편하기도 하고 손해를 보는 경우도 있지만, 지인의 관계에서는 어떤 양상으로든 서로에게 도움을 주고받는 것이 상식 아니던가? 그런데 사람을 안다는 것도 본문의 내용처럼 '상식(相識)'의 관계와 '지심(知心)'의 관계가 있는 것이다. 이 둘은 질적으로 차이가 있다. 내 기쁨과 슬픔을 함께 하며 심지어는 목숨까지도 내놓을 수 있는 그런 관계는 바로 후자인 '지심(知心)' 관계에 있는 사람이다. 이런 사람은 피를 나눈 부모형제보다도 더 허물없고 귀한 인생의 반려자가 되는 것이다.

- ◆ 相識(상식)-서로 알고 지내다.
- ◆ 滿天下(만천하)-천하에 가득하다. 즉 수없이 많음을 의미함.
- ◆ 知心(지심)-마음을 알다. 즉 속 마음까지 아는 것을 말함.
- ◆ 能幾人(능기인)-능히 몇 사람이나 되겠는가?

062

莫信直中直 須防仁不仁

정직한 자 중에서도 정직한 자라고 말하는 자를 믿지 말고, 어질다 어질지 못하다 시비하는 자를 경계하라.

한자의 훈과 음

- 莫(말 막) • 信(믿을 신) • 直(곧을 직) • 中(가운데 중) • 須(모름지기 수)
- 防(막을 방) • 仁(어질 인) • 不(아닐 불)

해설

독버섯이 참 아름답다고 한다. 그러나 보기에는 좋지만 잘못 먹으면 생명을 잃을 수도 있단다. 그래서 사람들은 이런 현상에서 얻게 된 교훈이 하나 있으니, 지나치게 '진짜'임을 강조할 때는 가짜일 가능성이 많다는 사실이다. 술에 만취된 사람이 절대 취하지 않았다고 극구 부정을 하거나, 절대 사기가 아니라고 여러 주변적인 참고 자료를 동원해 가며 진실임을 강조하던 사람이 어느날 구속되는 모습을 접하면서 우리는 항상 깨어있지 않으면 안 되겠다는 생각을 해보게 된다.

그런가 하면 본문 후반부 말처럼 우리 중에는 누군가의 인품과 행위를 판단할 때 마치 자기가 절대자나 되는 것처럼 잘잘못을 운운해 가며 정죄하는 경우가 많지만, 정작 그 본인의 삶을 한 번 살펴보면 참으로 한심하기 짝이 없는 그런 철면피도 많으니, 이 역시 우리가 살면서 경계할 일이다. 무엇보다 내가 먼저 경솔하게 그런 우를 범하지 않도록 노력함이 중요하리라.

◆ 莫信(막신)-믿지 말라. <莫>은 "~하지 말라."
◆ 直中直 (직중직)-곧은 것 가운데 곧은 것. 즉 정직한 사람 중에서도 가장 정직한 사람을 가리킴.
◆ 須防(수방)-모름지기 방어를 해야 한다. 즉 경계를 해야 한다는 의미이다.
◆ 仁不仁(인부인)-어질다느니 어질지 못하다느니 시비함.

063

海枯終見底 人死不知心

바다도 물이 마르면 결국은 바닥을 볼 수 있지만, 사람은 죽어도 그 마음을 알 수가 없다.

한자의 훈과 음

- 海(바다 해) • 枯(마를 고) • 終(끝날 종) • 見(볼 견) • 底(밑 저)
- 人(사람 인) • 死(죽을 사) • 不(아닐 불) • 知(알 지) • 心(마음 심)

해설

바다와 사람의 크기를 비교해 볼 때, 이것은 비교가 되지 않을 정도로 규모 면에서 큰 차이가 있다. 바다는 크고 사람은 아주 작다. 그렇다면 그 깊이 또한 크기에 비례해서 바다는 대단히 깊고, 사람은 대단히 얕아야 상식에 맞는 이치가 된다. 하지만 그토록 크고 깊은 바다라 할지라도 물만 사라지게 한다면 그 깊이를 알아낼 수 있지만, 사람의 마음이란 죽은 후에 그 몸뚱이를 해부해 본다고 해도 그 깊이를 알 수가 없다는 말이다. 인품의 도량은 눈으로 확인할 수 있는 현상적인 것이 아니라, 감정으로 느끼는 정신적인 것이기에 계량화가 불가능한 것이리라.

우리 인간의 정신세계와 삶의 모습은 몸뚱이라는 '현상'의 크기와는 상관이 없기에 몸집은 크지만 마음의 도량이 옹졸할 수도 있고, 체구는 왜소하지만 대단한 정신적 깊이를 가진 큰 인물도 있을 수 있다는 것이다. 천하를 손에 쥐고도 측근의 '마음'을 읽어내지 못해 그의 손에 죽어간 영웅들의 슬픈 역사가 이러한 특징을 잘 웅변해 준다.

◆ 海枯(해고)-바닷물이 마르다.
◆ 終見底(종견저)-결국 바닥을 본다. 즉 언젠가는 바닥을 볼 수 있다는 의미. <終>은 "결국, 끝내, 마침내".
◆ 人死(인사)-사람이 죽다. ◆ 不知心(부지심)-마음을 알지 못하다.

064

藥能醫假病 酒不解眞愁

약은 일시적인 병을 고쳐줄 수 있지만, 술은 진짜 근심을 풀어주지 못한다.

■ 한자의 훈과 음

- 藥(약 약) • 能(능할 능) • 醫(의원 의) • 假(거짓 가) • 病(병 병)
- 酒(술 주) • 不(아닐 불) • 解(풀 해) • 眞(참 진) • 愁(시름 수)

해설

병은 약으로 다스리고, 근심은 술로 다스린다. 이 논리는 대부분의 우리 조상들이 오랫동안 실천해온 삶의 한 방법이었다. 지금도 어떤 고민거리가 있으면 술로 그 정신적 고통을 마취시킨 후 근심과 걱정거리로부터 벗어나고자 몸부림치는 모습을 자주 볼 수 있다. 그러나 술의 속성은 현실적 기분을 더욱 고조시켜주는 것에 불과할 뿐 치유의 능력을 크게 기대하기는 어려운 것이다. 기쁠 때 마신 술은 그 기쁨을 두 배로 극대화시켜주지만, 슬플 때 마신 술은 또 그 슬픔을 더욱 진하게 해 주지 않던가?

병은 약에 의존하기보다는 병들기 전에 예방함이 최고요, 그러기 위해서는 적당한 운동에 편안한 마음을 가지고 사는 것이 가장 좋은 양생의 방법이란다. 행여 원하지 않던 병이나 근심이 생겼을 때는 짜증을 내면서 현실을 부정하고 좌절하기보다는 차분한 안정 속에서 먼저 마음의 안식을 찾고, 그 다음에 의약의 도움을 받는 것이 건강 회복에 가장 적절한 순서가 될 것이다.

◆ 藥能醫(약능의)-약은 고칠 수 있다. <能>은 "~할 수 있다."
◆ 假病(가병)-일시적으로 생긴 병. <假>는 "거짓, 가짜, 임시, 일시"의 뜻을 가짐.
◆ 酒不解(주불해)-술이 풀어주지 못한다.
◆ 眞愁(진수)-진짜 근심. 즉 실제적인 걱정거리를 말함.

065

求財恨不多 財多害死人

재물을 구할 때는 재물이 많지 않아 원망스럽지만, 재물이 많아지면 사람을 해쳐 죽인다.

한자의 훈과 음

- 求(구할 구) • 財(재물 재) • 恨(한할 한) • 不(아닐 불) • 多(많을 다)
- 害(해칠 해) • 死(죽을 사) • 人(사람 인)

해설

사람의 욕망 중에 단연 최고는 아마도 부와 명예일 것이다. 다른 것도 많겠지만 그것들은 대부분 부와 명예만 얻으면 어렵지 않게 해결될 수 있는 것들이 많기에 사람들은 주로 이 두 가지에 욕심을 많이 낸다. 그러나 본문의 말처럼 부자가 되기 전에는 많은 돈을 가지지 못한 것이 한스러워 어떻게 해서라도 빨리 많은 돈을 벌고자 하고 큰 부호가 되고자 하지만, 뜻을 이룬 후의 그 부(富)가 모든 행복을 가져다주기보다는 오히려 귀한 목숨까지 앗아가는 경우가 있다는 것이다.

돈이란 어쩌면 아편과 같은 것일지 모른다. 아편 성분은 처방에 의하여 적절 양이 환자에게 투여되었을 때는 환자의 고통을 경감시켜주는 최고의 진통제로 유익함을 주지만, 이것이 남용되었을 때는 약물에 중독되어 사람이 폐물로 전락되거나 아니면 목숨까지 잃게 되지 않던가?

마찬가지로 돈도 잘 쓰고 관리할 줄 알면 그 돈이 행복을 일궈주는 최선의 도구가 될 수 있지만, 그렇지 않고 남용을 하게

◆ 求財(구재)-재물을 구하다. 즉 부자가 되기 위해 힘쓰다.
◆ 恨不多(한불다)-많지 않음이 원망스럽게 생각되다.
◆ 財多(재다)-재물이 많다. 즉 부자가 되다.
◆ 害死(해사)-해쳐 죽이다.

되면 사람을 죽음으로 몰고 가는 최악의 사자(使者)가 되는 것이다. 많은 돈을 가지기도 어렵지만, 그것으로 사람들에게 대접받고 추앙받기는 더욱 어려운 일이다. 그럼에도 간간이 큰 베풂의 삶으로 역사를 만들어가는 사람들도 있었으니, 참으로 존경스럽기만 하다.

066

近水知魚性 近山識鳥音

물과 가까이 있으면 물고기의 성질을 잘 알 수 있고, 산과 가까이 있으면 새 소리를 잘 알 수 있다.

■ 한자의 훈과 음

• 近(가까울 근) • 水(물 수) • 知(알 지) • 魚(고기 어) • 性(성품 성)
• 山(뫼 산) • 識(알 식) • 鳥(새 조) • 音(소리 음)

해설

지식은 직접 혹은 간접 경험을 통하여 얻어진다. 전자는 자신이 직접 일을 하면서 여러 시행착오를 겪은 후에 얻게 되는 것이고, 후자는 책을 통하거나 남의 경험담 등을 통하여 얻게 되는 것이다. 가장 좋기로는 무엇이든 직접 경험해 보고 그것으로부터 '노하우'를 터득하는 것이다. 그래서 직접 경험에서 얻은 '노하우'는 때로 상식적인 이론을 뒤엎기도 하고 새로운 발견과 방법을 만들어 내기도 한다.

외국어를 공부하는 목적은 그 나라 사람과 의사소통을 하고, 그 나라 글을 이해하기 위한 것이 우선 목적이다. 이 소통과 이해를 위해서는 많은 준비와 노력이 필요하다. 하지만 간혹 전혀 한국어 공부도 하지 않은 외국 아가씨가 한국으로 시집와서 간단한 몸짓과 눈치만으로도 너무나 자연스럽게 연로한 시부모와 소통을 잘 하는 모습을 보고 놀라곤 하는데, 그 비결은 바로 서로가 늘 함께 살면서 그들만이 알 수 있는 노하우를 터득한 것에 있는 것이다.

◆ 近水(근수)-물을 가까이 하다. 즉 물과 가까운 곳에 살다.
◆ 魚性(어성)-물고기의 습성이나 성질.
◆ 近山(근산)-산을 가까이 하다. 산과 가까운 곳에 살다.
◆ 鳥音(조음)-새 소리.

서로가 가깝게 지내다 보면, 한 마디 말도 없었는데 서로의 감정을 읽어내고 또 전달할 수 있는 '이심전심(以心傳心)'의 경지까지 도달할 수가 있으니, 이런 점은 말 못하는 물고기나 새들의 세계에서도 동일하게 통하는 현상일 것이다.

067

點石化爲金 人心猶未足

돌을 다듬어 금으로 만들어놓고도, 사람의 마음은 그래도 만족하지 못한다.

한자의 훈과 음

- 點(점 점) • 石(돌 석) • 化(될 화) • 爲(할 위) • 金(쇠 금)
- 人(사람 인) • 心(마음 심) • 猶(오히려 유) • 未(아닐 미) • 足(발 족)

해설

사람의 욕심에는 한계가 없다. 하나를 얻으면 둘을 가지고 싶고, 둘을 가지면 셋을 가지고 싶은 것이 인지상정이다. 그래서 그 끝없는 욕심을 자제할 줄 모르고 자신의 이익만을 챙기다가 오히려 더 큰 불행을 당하는 경우가 많기도 하다.

어느 트럭 위에 일하는 인부들이 세상모르고 잠에 빠져 있을 때, 그 트럭 뒤를 따라가는 고급 자가용 뒷좌석에는 불면증 걸린 핼쑥한 얼굴이 앉아 있더라는 피천득의 글 속에서, 작자는 지나친 물욕이나 권세욕 애욕 등이 질투와 모략을 불러오고, 그것은 곧 불면의 고통으로 연결된다는 지적이다. 피천득의 말처럼 '과도한' 욕심은 동서고금을 막론하고 언제나 '행복의 조건' 중에서 경계해야 할 중요한 요소로 강조되어 왔음을 우리는 잘 알고 있기도 하다.

그러나 무조건 욕심이 나쁜 것은 아닐 것이다. 자제되고 제어되지 못하는 욕심은 위험할 수 있지만, 적당한 욕심은 꼭 필요하다고 생각된다. 왜냐하면 그 욕심으로 인하여 개인의 발전이 있고, 그 개인의 발전이 나아가 인류의 발전이 되기 때문이다.

- ◆ 點石(점석)-돌을 다듬다. <點>은 검사를 하여 제련함을 말함.
- ◆ 化爲金(화위금)-금이 되도록 변화시키다. 즉 금으로 만듦.
- ◆ 人心(인심)-사람의 마음. 여기서는 끝없는 인간의 탐심을 가리킴.
- ◆ 猶未足(유미족)-오히려 만족함이 되지 못하다. 즉 그럼에도 만족할 줄을 모른다는 의미.

068

路遙知馬力 事久見人心

길이 멀어야 말의 힘을 알 수 있고, 일을 오래 해 보아야 사람의 마음을 볼 수가 있다.

■ 한자의 훈과 음

- 路(길 로) • 遙(멀 요) • 知(알 지) • 馬(말 마) • 力(힘 력)
- 事(일 사) • 久(오랠 구) • 見(볼 견) • 人(사람 인) • 心(마음 심)

해설

구리인지 백금(白金)인지를 구별하기 위해서는 열을 가해 보면 알 수 있고, 말이 건강한지 아닌지는 멀리 달려보게 하면 알 수 있으며, 사람이 어떠한가는 오랫동안 함께 일을 해 보면 알 수가 있다. 빨리 녹으면 구리요, 얼마가지 못해 지치면 연약한 말이요, 시간이 갈수록 눈치를 보며 요령을 부리면 믿을만한 사람이 못 되는 것이다. 모든 금속들이 다 녹고 난 다음에 제일 마지막으로 녹기 때문에 백금은 그만큼의 가치를 가지고, 죽도록 달려도 지칠 줄 모르기에 천리마는 최고의 장수들이 선호하는 말로 꼽히는 것이다. 그런가 하면 어떠한 극한 상황에도 쉽게 포기하지 않고 최선을 다하는 자는 언제 어디서나 다른 사람들에게 신뢰받고 대접받게 되는 것이다.

잠시 동안 그런 척 하기는 어렵지 않다. 그러나 오랫동안 변함없이 훌륭한 능력과 인품을 보여주기는 어려운 것이다. 그러기에 모든 실상은 시간이 가면 자연스럽게 본색이 드러나고, 사이비(似而非)는 자연스럽게 구별되어 상응한 평가를 받게 되는 것이다.

◆ 路遙(노요)-길이 멀다.
◆ 馬力(마력)-말의 힘.
◆ 事久(사구)-일이 오래되다. 즉 일을 오랫동안 한다는 뜻.
◆ 人心(인심)-사람의 마음씨나 생각.

069

兩人一條心 有錢堪買金

두 사람이 하나로 마음을 합치면, 능히 황금을 살 수 있는 돈도 소유하게 된다.

한자의 훈과 음

- 兩(두 량) • 人(사람 인) • 一(한 일) • 條(가지 조) • 心(마음 심)
- 有(있을 유) • 錢(돈 전) • 堪(견딜 감) • 買(살 매) • 金(쇠 금)

해설

백지장도 맞들면 낫다는 말이 있다. 아무리 쉬운 일이라도 서로가 도우면 더 쉽게 할 수가 있고, 어렵고 불가능한 일이라 할지라도 두 사람이 서로 마음을 합하고 열성을 다하면 못 이룰 것도 없다는 말일 것이다. 특히 평생을 함께해야 할 부부 사이에 있어서의 합심은 더욱 중요하다. 천자문에서는 남편이 주장을 하면 아내가 이에 따른다는 뜻으로 "부창부수(夫唱婦隨)"라 표현하였다. 이는 원만한 가정을 이루는데 가장 기본이 되는 부부 화합의 도리를 강조한 말이다. 오늘날은 누가 주장을 하고 누가 따르는지는 그리 중요하지 않은 시대가 되었다. 가족 공동의 보금자리는 반드시 행복이 유지되어야 하며, 그 행복을 위해서는 선후를 따지거나 위아래를 따질 것 없이 피차가 서로 희생과 양보, 용서와 배려를 할 줄 아는 것이 중요한 것이다.

부부 "두 사람이 마음을 합치면 그 역량이 쇠를 끊을 수 있을 만큼의 큰 능력을 발휘하게 된다.(二人合心, 其利斷金)"는 말이 있는데 정말 그런지 아닌지 우리 모든 사람들이 평생토록 실험을 한 번 해 보도록 하자.

◆ 一條心(일조심)-한 가닥의 마음. 즉 두 사람이 서로 마음을 합쳐 동심일체가 된 상태를 가리킴.
◆ 有錢(유전)-돈을 소유하다. 즉 돈을 벌게 된다는 뜻.
◆ 堪買金(감매금)-능히 황금을 사다.

070

一人一條心 無錢堪買針

두 사람이 각자 자기 욕심을 가지게 되면, 바늘을 살만한 돈도 가질 수가 없게 된다.

■ 한자의 훈과 음

● 一(한 일) ● 人(사람 인) ● 條(가지 조) ● 心(마음 심) ● 無(없을 무)
● 錢(돈 전) ● 堪(견딜 감) ● 買(살 매) ● 針(바늘 침)

해설

산수에서 셈을 할 때, 하나에 하나를 더하면 몇 개가 되느냐고 물으면, 둘이 된다고 말해야 정답이 된다. 그러나 '사랑학'에서는 계산법이 다르다. 예컨대 한 사람과 한 사람이 서로 사랑하여 합심을 할 때는 둘 이상의 능력을 발휘하게 된다는 것이다. 산수의 계산과는 큰 차이가 있다. 물론 이런 계산법은 논리성이나 객관성과는 거리가 먼 정서적인 표현이지만, 여하튼 두 사람이 합심하는 것이 얼마나 중요한 것인지 되새겨보는 기회가 되었으면 좋겠다.

앞에 나온 글에서는 두 사람이 서로 마음을 합쳤을 때의 결과를 지적한 것이고, 본문에서는 두 사람이 서로 다른 주장을 하거나 아니면 각기 따로 다른 욕심을 가졌을 때의 결과를 밝힌 것이다.

다른 책에서는 본문을 다소 다르게 적고 있다. 즉 "두 사람이 하나의 마음이 되면 돈이 없더라도 능히 황금을 살 수가 있고, 사람마다 각자 다른 마음을 가지면 돈이 있더라도 바늘 하나도 살 수가 없다.(兩人一般心, 無錢堪買金, 一人一般心, 有錢難買針")고 하고 있다.

◆ 一條心(일조심)-한 가닥의 마음. 이 때의 마음이란 각자자기 자신의 욕심을 말함.
◆ 無錢(무전)-돈을 소유하지 못하다. 즉 "~할 돈이 없다."는 뜻.
◆ 堪買針(감매침)-능히 바늘을 사다.

071

有錢道眞語 無錢語不眞

돈이 있을 때 하는 말은 모두가 진짜로 통하지만, 돈이 없을 때 하는 말은 진짜로 통하지 않는다.

■ 한자의 훈과 음

● 有(있을 유) ● 錢(돈 전) ● 道(길 도, 말할 도) ● 眞(참 진) ● 語(말씀 어)
● 無(없을 무) ● 不(아닐 불) ● 眞(참 진)

해설

객관적이고 절대적이어야 할 '진실'이라는 것도 항간에서는 재력이나 권세를 가진 사람에게 맞추어져, 돈 없고 초라한 사람의 올곧은 행동이나 주장 등은 무시되고 있는 슬픈 세상을 보고 따끔하게 지적을 하고 있는 말이다. 힘의 논리가 판을 치고 외모지상주의가 만연해 갈수록 세상은 건강할 수가 없는 것이다.

어느 외국에서의 한 실험이 우리를 슬프게 한다. 실험은 이런 것이었다.

공중전화 동전배출구에 일부러 동전을 넣어놓고 멀리서 보고 있다가, 누군가가 전화를 걸고 나올 때 다가가서 그 동전이 자기 것이니 달라고 하는 실험이었다. 그런데 그 실험 진행자가 초라한 옷차림을 했을 때와 정장차림을 했을 때 그 결과가 판이하게 달랐다는 것이다. 초라한 차림을 했을 경우에는 시치미를 떼거나 무시해 버리고, 정장차림인 경우에는 거의 대부분 사람들이 순순히 내 놓더라는 것이다. 이것이 바로 세상에서의 보이지

◆ 有錢(유전)–돈이 있다. 즉 재력가를 가리킴.
◆ 道眞語(도진어)–말이 진짜 말이다. 즉 하는 말이 모두 진짜인 것 같다는 의미. <道>는 "말하다"는 뜻으로 쓰임.
◆ 無錢(무전)–돈이 없다. 즉 가난뱅이를 가리킴.
◆ 語不眞(어불진)–말이 진짜가 아니다. 즉 하는 말이 진짜처럼 들리지 않는다는 의미.

않는 힘의 논리인 것이다.

몇 닢 되지도 않는 동전 앞에서 진실은 이렇게 왜곡되고 있으니, 무시당하지 않고 살기 위해서는 돈 많이 벌어서 부자가 되어 번지르르하게 살라는 말인가? 또 많이 배워서 사회적으로 높은 사람이 되지 못하고 일반적인 보통 사람으로 살다보면 항상 손해를 보며 살 가능성이 높다는 메시지를 보여주는 듯하여 어쩐지 마음이 씁쓸하기만 하다.

072

錢財如糞土 仁義值千金

돈과 재물은 썩은 흙과 같지만, 인(仁)과 의(義)는 천금(千金)의 가치를 가진다.

■ 한자의 훈과 음

• 錢(돈 전) • 財(재물 재) • 如(같을 여) • 糞(똥 분) • 土(흙 토)
• 仁(어질 인) • 義(옳을 의) • 値(값 치) • 千(일천 천) • 金(쇠 금)

해설

넉넉한 돈과 재물을 가진 사람은 세상을 비교적 편하게 살 수 있다. 반대로 그렇지 못한 사람은 일반적으로 불편함 속에서 세상을 어렵게 살아간다. 물론 생활에 필요한 가장 기본적인 것으로만 살아가는 그런 구도자(求道者)들도 있지만, 돈과 재물은 사람이 살아가는데 넉넉하면 넉넉할수록 좋다고 우리는 생각한다. 그것이 인생의 행복을 좌지우지한다는 인식에서 그러하다.

그러나 돈과 재물은 소유의 정도도 중요하지만, 어쩌면 쓰는 방법이 더욱 중요한 것이 아닐지 모른다. 왜냐하면 의롭지 못한 처사로 재물을 운용한 자는 그 어떤 거부(巨富)라 할지라도 그 결과는 뻔하기 때문이다.

설사 가진 것은 많지 않았지만 인(仁)과 의(義)를 실천하여 '선(善)'을 이룬 사람들은 그 향기를 그 당대의 사람들 뿐만 아니라 후대 사람들에게까지도 오래오래 전해 주고 있는 것이다.

◆ 錢財(전재)-돈과 재물.
◆ 如糞土(여분토)-썩은 흙과 같다. <如>는 "~와 같다."는 뜻이고, <糞土>는 "더러운 흙"이나 "썩은 흙". 때로는 <糞土>가 "쓸모없는 인간" 혹은 "하찮은 것"이란 뜻으로도 쓰임.
◆ 仁義(인의)-인(仁)과 의(義). 즉 어질고 의로운 것을 말함.
◆ 値千金(치천금)-천금의 가치를 가진다.

반면에 자기가 가진 돈과 재물을 수단으로 하여 자기 욕심 속의 왜곡된 '인(仁)'과 '의(義)'를 실천한 사람은 하루아침에 권세와 명예를 잃게 되고, 또 그 오명은 영원히 씻지 못하고 마는 것이다.

073

力微休負重 言輕莫勸人

힘이 약하면 무거운 짐을 지지 말고, 말이 경솔하면 다른 사람을 권면하려고 하지 말라.

■ 한자의 훈과 음

• 力(힘 력) • 微(작을 미) • 休(쉴 휴) • 負(질 부) • 重(무거울 중)
• 言(말씀 언) • 輕(가벼울 경) • 莫(말 막) • 勸(권할 권) • 人(사람 인)

해설

불행은 지나친 욕심에서 비롯되는 경우가 많고, 근심은 또 다른 사람의 억지 스승이 되려고 하는 것에서 생겨나기도 한다. 자기 능력에 알맞은 일을 하면서 만족하고, 또 아는 것만큼만 주장하는 겸손함을 가진다면 아무 탈이나 부작용이 없게 된다. 그러나 세상에서는 자신의 능력이 부족함에도 대단한 능력을 가진 사람처럼 선전하고 호도하면서 높은 자리에 앉고자 애쓰고, 아는 것도 별로 없으면서 충고랍시고 남을 타이르고 가르치고자 하는 사람들이 참 많은 것 같다. 섣부른 능력이나 충고가 그 자신만의 일로 끝나면 피해는 그런대로 최소화될 수 있지만, 그것이 남에게 영향을 끼쳐서 생각지도 못할 엄청난 결과를 초래할 수도 있다는 사실을 상기한다면 언제나 신중해야겠다는 생각을 하게 될 것이다.

길을 물었을 때, 모르면 모른다고 말해 주는 것이 길손에게 큰 도움이 된다. 모르면서 아는 척 하여 길손으로 하여금 시간과 체력을 소모하게 하고 낭패를 당하게 한다면 참으로 지탄받을

◆ 力微(역미)-힘이 약하다. 능력이 부족함을 말함.
◆ 休負重(휴부중)-무거운 것을 지지 말라. <休>는 "~을 하지 말라"는 금지를 나타냄.
◆ 言輕(언경)-말이 가볍다. 신뢰나 책임감이 없는 말을 하다.
◆ 莫勸人(막권인)-다른 사람에게 권하지 말라. <莫>도 역시 <休>와 마찬가지로 금지를 나타냄.

일이 된다. 그래서 현명한 사람은 길을 여러 사람에게 묻는 것이다.

074

酒逢知己飮 詩向會人吟

술은 자기를 알아주는 사람을 만났을 때 마시고, 시는 시를 이해할 줄 아는 모임의 사람에게 읊어 주어라.

■ 한자의 훈과 음

- 酒(술 주) • 逢(만날 봉) • 知(알 지) • 己(자기 기) • 飮(마실 음)
- 詩(시 시) • 向(향할 향) • 會(모일 회) • 人(사람 인) • 吟(읊을 음)

해설

누군가가 무슨 말 끝에 "본전 생각이 난다."는 말을 했다고 한다면, 그것은 뭔가 일이 생각대로 되지 않았다는 뜻이다. 즉, 시간이나 금전이나 정력 등을 투자했는데 기대했던 것에 미치지 못했다는 의미가 아니겠는가.

상호간의 만족도는 오랫동안 교제를 해 온 상대든지, 아니면 잠시 동안 대화를 하게 된 상대든지, 그 상대가 누구며 나와 얼마나 같은 생각을 하고 동질성을 가졌느냐에 따라서 정해진다. 그래서 상종하는 대상이 참으로 중요한 것이다.

누군가를 위해 쓴 돈 '천 원'이 너무 아까웠던 경험이 있는가? 그러나 누군가를 위해 내가 자진해서 열 배나 많은 '만 원'을 썼는데도 그렇게 기쁘고 마음 뿌듯했던 그런 경험은 없는가? 그 차이는 무엇 때문에 또 어떤 이유에서 생겨나는 것일까?

서로간의 생리현상을 아무 거리낌 없이 틀 수 있는 사이, 식사 후 치아 시이에 낀 음식물을 확인해 달라고 입을 벌릴 수 있는 사이만 되어도 내가 먼저 지갑을 열고도 즐거울 것이고, 술자리

◆ 逢知己(봉지기)-지기를 만나다. <知己>는 자기를 가장 잘 알아주는 친한 친구를 말함.
◆ 向會人吟(향회인음)-시를 할 줄 아는 회원(會員)에게 읊어주다. <向>은 "~에게, ~을 향하여". <會人>은 "어떤 모임에 속한 사람", 즉 회원(會員)을 가리킴. <吟>은 "읊다, 노래하다".

가 길어져도 내일 일이 있다고 먼저 일어나지는 않을 것이다.

075

無錢休入衆 遭難莫尋親

돈이 없을 때는 사람들이 많이 모인 곳에 가지 말고, 어려움을 당했을 때는 친척을 찾지 말라.

한자의 훈과 음

- 無(없을 무) • 錢(돈 전) • 休(쉴 휴) • 入(들 입) • 衆(무리 중)
- 遭(만날 조) • 難(어려울 난) • 莫(말 막) • 尋(찾을 심) • 親(친할 친)

해설

우리들이 살아가고 있는 이 세상의 슬픈 자화상 이야기다. 돈이 없고 가난할 때는 많은 사람들의 도움이 필요하다. 물질적인 도움도 필요하겠지만, 꼭 그런 것이 아니더라도 위로나 격려 등도 큰 도움이 될 수가 있다. 왜냐하면 주위 사람들의 그런 관심과 지지는 힘들어하는 사람에게 큰 용기를 주고 신념을 주게 되며, 이것은 나아가 어떤 일을 하는데 큰 활력이 되어주기 때문이다.

그러나 때로 겉으로는 남을 위하여 말을 해주고 도와준다고 하지만, 오히려 상처를 주고 피해를 주는 경우가 허다하니 참으로 신중해야 할 것이다.

여성들이 '집들이'나 어떤 모임을 마치고 돌아오면 남편에게 짜증을 부리는 경향이 많단다. '비교'는 여러 사람들 중에서 한 사람을 우쭐하게 해 줄 수 있는 참 고마운 것이 되기도 하지만,

- ◆ 無錢(무전)-돈이 없다.
- ◆ 休入衆(휴입중)-무리들 속으로 들어가지 말라. <休>는 "~하지 말라"는 금지를 나타냄.
- ◆ 遭難(조난)-어려움을 만나다. 곤란을 당하다.
- ◆ 莫尋親(막심친)-친척을 찾지 말라. <親>은 "친한 사람"을 나타내기도 함. <莫>은 <休>와 같이 금지를 나타냄.

대부분의 많은 사람들을 기죽게 만들고 의기소침하게 만드는 몹쓸 놈이 되기도 한다.

친척이나 친구들이 많은 것도 큰 복이라 할 수 있다. 그러나 이것 역시 복으로 작용하지 않을 때도 많으니, 그들에게 지나치게 큰 득을 기대하는 것도 금물이란다. 외판을 시작할 때 가장 먼저 떠오르는 사람이 친척이고 친구들이지만, 도움은커녕 제일 많은 상처를 주는 것도 이들이라고 경험자는 말한다.

076

人老心未老 人窮志不窮

사람이 늙었다고 마음까지 늙은 것은 아니요, 사람이 가난하다고 의지마저 궁색한 것은 아니다.

한자의 훈과 음

- 人(사람 인) ● 老(늙은이 로) ● 心(마음 심) ● 未(아닐 미) ● 窮(다할 궁)
- 志(뜻 지) ● 不(아닐 불) ● 窮(다할 궁)

해설

나이는 숫자에 불과하다고 말하는 연세 지긋한 사람들을 보면 뭔가 모르게 젊은 사람들이 용기를 공급 받는다. 나이가 많아지면 일반적으로 남은 여생을 건강하게 살다가 편안하고 조용히 삶을 마무리하고 싶다는 것이 최고의 바람이다. 그래서 하던 일을 계속 확충시키거나 아니면 새로운 일을 시작하려는 사람은 그렇게 많지 않다. 그럼에도 불구하고 지칠 줄 모르는 열정과 정신력으로 체력이 소진하여 쓰러지는 그날까지 부단하게 도전의 길을 걷는 그런 노인들도 있으니, 가히 젊은이들이 본받아야 할 점이다. 마음이 늙어 흐느적거린다면 아무리 20대의 젊은 육체를 가진 젊은이라 할지라도 가치 있는 삶을 살기는 어려울 것이다.

'의지'란 사회적 지위나 환경에 무관하게 누구나 가질 수 있는 귀한 보물 같은 것이다. 가난하게 살던 어떤 사람이 어느날 큰 부와 명예를 일구어 낸 경우, 혹은 반대로 억대 거부의 자녀가 그 부를 지키지 못하고 몰락하고 만 경우, 그들의 배경을 보면

◆ 人老(인로)-사람이 늙다.
◆ 心未老(심미로)-마음은 아직 늙지 않았다. <未>는 "아직 ~하지 않았다."는 뜻으로 쓰임.
◆ 人窮(인궁)-사람이 가난하다.
◆ 志不窮(지불궁)-의지는 궁하지 않다.

분명 어떤 목적을 실현하기 위한 자발적인 '의지'의 유무와 깊은 관계가 있음을 알 수 있다.

누군가가 나의 모든 소유물을 탈취해 갈 수는 있어도 내 마음 속에 간직한 '꿈'과 '의지'만은 빼앗아 갈 수는 없을 것이다.

077

人無千日好 花無百日紅

사람이 천 날 동안 좋을 수는 없고, 꽃이 백 일 동안 붉을 수는 없다.

■ 한자의 훈과 음

• 人(사람 인) • 無(없을 무) • 千(일천 천) • 日(해 일) • 好(좋을 호)
• 花(꽃 화) • 百(일백 백) • 紅(붉을 홍)

해설

아무리 인품이 좋은 사람이라 할지라도 언제까지나 마냥 좋을 수는 없는 일이고, 또 아무리 아름다운 꽃이라 할지라도 영원히 싱싱하고 예쁜 상태를 유지할 수는 없다는 말이다.

무슨 일이나 기준이 있고 한계가 있는 법이다. 마음이 너그럽고 좋은 사람이란 다른 사람에 비해서 관용의 기준이나 폭이 다소 관대하다는 것이지 전혀 무조건적이고 한계가 없다는 것은 아니다. 평소에 어지간한 일 가지고는 화를 내거나 짜증을 부리지 않던 사람도 인내의 한계에 다다랐을 때는 다른 사람과 똑같은 감정이 표현되며, 어쩌면 더 수습하기 어려울 정도의 극단적인 모습을 보일 수도 있는 것이다. 그러기에 우리는 좋은 사람이 더 겁난다는 말을 하곤 한다.

본문의 후반부에서 사시사철 피어있는 꽃은 세상에 존재하지 않는다고 한 이 말은, 젊고 아름답던 청춘의 호시절도 찬바람에 시들어가는 꽃들처럼 언젠가는 늙어가게 되어 있다는 말을 강조하기 위한 것 아니겠는가? 그러기에 유한한 젊음을 알차게 보내

◆ 人無(인무)-사람 중에는 ~한 사람이 없다.
◆ 千日好(천일호)-천 일 동안 좋다. 즉 늘 좋은 것을 말함.
◆ 花無(화무)-꽃에는 ~한 것이 없다.
◆ 百日紅(백일홍)-백 일 동안 붉다. 즉 아름다운 꽃을 피우고 있다는 뜻.

기는 하되 늙은이를 괄시(恝視)해서는 안 될 일이다. 추하다 염치없다 손가락질하는 그 대상이 잠깐 후의 내 모습이기 때문이다.

078

旣知山有虎 莫向虎山行

이미 산에 호랑이가 있는 줄을 알았으면, 호랑이가 있는 산길을 향해 가지 말라.

■ 한자의 훈과 음

- 旣(이미 기) • 知(알 지) • 山(뫼 산) • 有(있을 유) • 虎(범 호)
- 莫(말 막) • 向(향할 향) • 行(갈 행)

해설

"기름을 지고 불로 들어간다."는 말이 있다. 좋지 못한 결과가 나올 줄을 뻔히 알면서 무모한 짓을 할 때 이런 말을 한다. 물론 죽기 위해 기름을 지고 불로 뛰어드는 것은 자살이라는 목적을 이루기 위해 그러는 것이겠지만, 인위적으로 죽는 자살은 신성불가침에 해당하는 행위이기에 우리 인간이 선택해야할 일이 결코 아니다. 자기의 삶은 자기가 책임지고 사는 날까지 최선을 다 해 살아갈 일이다. 그것이 낳아준 부모에 대한 최소한의 예의이며 내 삶에 대한 기본적인 의무요 책임인 것이다. 이것을 충실하게 지켜갈 때, 내 개인의 행복이 갈무리 되고 나아가 우리 사회와 인류의 건강이 담보될 수 있는 것이다.

산길을 가야할 때 맹수가 있는 길은 피해 가듯, 인생행로에서 우리는 맹수처럼 생명을 앗아갈 수 있는 잘못된 삶의 방식이나 습관은 반드시 피해가는 것이 상책이다.

호랑이와 같은 맹수는 그 무서운 형체가 눈에 보이기 때문에 쉽게 겁을 내지만, 사람을 패망의 길로 서서히 몰아가는 나쁜

◆ 旣知(기지)-이미 알다.
◆ 山有虎(산유호)-산에 호랑이가 있다.
◆ 莫向(막향)-향하지 말라. <莫>은 "~하지 말라."는 금지를 나타냄.
◆ 虎山行(호산행)-호랑이가 있는 산을 지나가다.

습관이나 도박과 마약 등은 그 무서운 형체를 감추고 있어서 그 폐해의 심각성을 제대로 인식하지 못하는 경우가 많다. 인생은 연습이 있을 수 없다. 한 번 지난 길은 다시 돌이킬 수 없는 우리의 귀중한 인생이기에, 마약과 도박에 관심을 가지거나 손을 대는 경솔한 행동은 절대적으로 하지 말아야 할 것이다.

079

若要斷酒法 醒眼看醉人

만약에 술 마시는 습관을 끊고 싶다면, 술 깬 맑은 눈으로 취한 사람을 살펴보아라.

■ 한자의 훈과 음

- 若(같을 약, 만약 약)
- 要(구할 요)
- 斷(끊을 단)
- 酒(술 주)
- 法(법 법)
- 醒(깰 성)
- 眼(눈 안)
- 看(볼 간)
- 醉(취할 취)
- 人(사람 인)

해설

누구나 장단점을 가지고 있다. 그러나 사람들은 자기의 장점만을 부각시키고 단점은 보여주지 않으려고 애를 쓴다. 그럼에도 남들의 단점은 눈에 참 잘 보인다. 반면 자신의 단점은 잘 보이지도 않으며 또 애써 찾으려고 하지도 않는다. 자기의 부족한 점을 분명하게 파악하고, 그것을 최대한 고치려고 노력하고 애쓸 때 발전이 있게 되고, 남들에게 좋은 인상과 신뢰를 줄 수 있게 된다.

평소에 우리는 술을 자주 대한다. 술자리에서 실수를 하지 말아야겠다는 의식을 가지고 신중하게 행동할 때는 그래도 좀 괜찮은 편이다. 그러나 얼근하게 취한 정도를 넘어 만취가 되어 버렸을 때는 자신이 무슨 말과 행동을 했는지 알 수가 없다. 대개 자신의 술버릇에 대해서는 어느 정도 파악은 하고 있지만, 만취했을 때의 낯 뜨거운 언행에 대해서는 알 수가 없다. 아무것도 생각이 나지 않기 때문이다.

- ◆ 若要(약요)-만약에 ~하고자 한다면. <若>은 "만약", <要>는 "~하고자 하다."
- ◆ 斷酒法(단주법)-술 마시는 법을 끊다. 여기서 <酒法>이란 술 마시는 습관을 가리킴.
- ◆ 醒眼(성안)-술에서 깨어난 눈.
- ◆ 看醉人(간취인)-술에 취한 사람을 보다.

남이 취한 것을 보면 내가 취했을 때의 상황을 짐작할 수 있다. 그러나 그런 관찰만으로는 자신의 실체를 제대로 살피지는 못한다. 내가 다시는 술을 마시지 말아야겠다는 각오를 하게 하는 방법이 하나 있다. 평소에 가족이나 친구에게 부탁하여 자신이 만취하여 인사불성이 되었을 때 비디오를 한 번 촬영해 달라고 하는 것이다. 그리고 이것을 맨 정신에 다시 한 번 보는 것이다. 아마 모든 사람들이 다 술을 끊을 것으로 확신한다. 그러나 인간의 망각은 쉽게 오고 3일 지난 결심은 약발이 떨어지고 말기 때문에 오늘도 과음과 주정은 반복되고 있는 것이다.

080

莫道君行早 更有早行人

그대 출발이 이르다고 말하지 말라, 훨씬 더 일찍 출발한 사람도 있기 때문이다.

■ 한자의 훈과 음

- 莫(말 막) • 道(길 도, 말할 도) • 君(임금 군) • 行(갈 행) • 早(일찍 조)
- 更(다시 갱) • 有(있을 유) • 行(갈 행) • 人(사람 인)

해설

사람에게 뭔가 잘 하는 것이 있으면 자랑을 하기 마련이다. 그러나 그 자랑은 다른 사람의 입을 통해서 내 특기나 장점이 전달되었을 때, 가장 이상적인 가치와 평가를 받게 된다. 그렇지 않고 자기가 직접 나서서 침이 마르도록 자랑을 늘어놓거나 강조를 하게 되면 그 자랑은 오히려 그 사람에 대한 반감을 갖도록 하여 어쩌면 그런 자랑거리가 없는 것만 못한 경우가 생기기도 한다.

실제로 사람들이 자랑으로 삼는 것들을 보면 대단한 것들이 많다. 그래서 정말 칭찬을 해 주고 싶고 나도 그런 능력을 가질 수 있으면 좋겠다는 선망의 욕심을 가져보기도 한다. 그런데 자기의 능력을 너무 지나치게 내세우면서 주위 사람들을 압도하려는 태도는 지양하거나 신중해야만 한다. 왜냐하면 최고라 생각했던 그 위치에서 조금만 더 멀리 나가보면 그런 능력은 조족지혈임을 알 수 있기 때문이다. 아무리 잘 하는 것이 있다 하더라도 항상 겸손한 자세가 중요하다 할 것이다.

- ◆ 莫道(막도)-말하지 말라. <莫>은 "~하지 말라". <道>는 "말하다".
- ◆ 君行早(군행조)-당신의 출발이 이르다. <君>은 "그대, 당신". <行>은 "행함, 출발".
- ◆ 更有(경유)-훨씬 더 ~함이 있다. <更>은 "더욱, 더, 훨씬".
- ◆ 早行人(조행인)-일찍 출발한 사람.

아직 동도 트지 않은 꼭두새벽에 일어나 바깥세상을 내다보며 세상에서 가장 일찍 일어났다고 마음 뿌듯해 할 때, 이미 문 밖에는 신문과 우유가 배달되어 있다는 사실 앞에서 자신의 부끄러운 자만심을 깨닫게 된다.

081

虎生猶可近 人熟不堪親

호랑이는 낯설어도 오히려 가까이 할 수 있지만, 사람은 잘 알아도 감히 친할 수가 없다.

■ 한자의 훈과 음

- 虎(범 호) • 生(날 생) • 猶(오히려 유) • 可(옳을 가) • 近(가까울 근)
- 人(사람 인) • 熟(익을 숙) • 不(아닐 불) • 堪(견딜 감) • 親(친할 친)

해설

옛날에 시골에서는 어린애가 울면 어른들은 "울면 호랑이 온다."고 거짓말을 해서 꼬마의 울음을 그치게 하곤 하였다. 호랑이의 실상에 대해서 아무 것도 모르는 아이에게 무서운 옛날이야기와 공포에 찬 어둠을 이용하여 '호랑이'를 특효약으로 활용해 왔다. 그래서 시골에서 자랐던 사람들은 아직 철이 완전히 들기까지는 칠흑 같은 밤길을 걸을 때 가장 두려운 존재는 호랑이였다.

그러나 사람이 점점 커가면서 철이 들고 어른이 되고 나면 여러 정황 상 호랑이가 출현할 가능성은 거의 없다는 것을 알게 되고, 오히려 호랑이보다 사람이 더 겁난다는 것을 알게 된다.

그래서 실제로, 정체를 알 수 없는 사람이 어쩌면 맹수인 호랑이보다 더 무서울 수가 있다는 사실 때문에 우리는 시시각각 다른 사람에게 모든 것을 열어놓지 못하고 경계하면서 살아간다.

- ◆ 虎生(호생)-호랑이와 낯익지 않다. 생면부지의 호랑이.
- ◆ 猶可近(유가근)-오히려 가까이할 수 있다. <猶>는 "오히려". <可>는 "~할 수 있다, ~할만하다."
- ◆ 人熟(인숙)-사람과 잘 알다. 잘 아는 사람.
- ◆ 不堪親(불감친)-친함을 견디지 못하다. 즉 감히 친할 수가 없다는 말.

살아가다가 그래도 정체를 알 수 없는 사람에게 낭패를 당했다면 그건 어느 정도 위안이 될 수 있을지 모른다. 문제는 너무나 잘 알고 지내던 가까운 사람에게 치유하기 힘든 상처나 피해를 입었을 때는 그야말로 치명적이라는 것이다. 아무런 위로의 약도 치유의 약도 없다. 하늘이 무너지는 듯한 배신감에 우리는 누구를 믿고 무엇에 의지를 하고 살아야 하나 통곡할 뿐이다.

082

來說是非者 便是是非人

와서 잘잘못에 대해 말하는 사람, 그 사람이 바로 시빗거리의 사람이다.

■ 한자의 훈과 음

● 來(올 래) ● 說(말씀 설) ● 是(옳을 시) ● 非(아닐 비) ● 者(놈 자)
● 便(편할 편, 곧 변) ● 人(사람 인)

해설

"똥 묻은 개가 겨 묻은 개 나무란다."라는 속담이 있다. 이 말은 더 큰 허물을 가진 사람이 자기보다 작은 허물을 가진 사람을 흉볼 때 쓰는 말이다. 세상에는 이와 같이 자기의 분수나 주제를 모르고 살아가는 사람들이 간혹 있다. 본문도 이러한 현상에 대한 지적이다.

내가 잘못한 일에 대하여 누군가로부터 지적을 당하고 비평을 받았을 때도 기분이 좋을 때가 있다. 그것은 상대가 그런 지적을 해 줄 수 있는 인품과 실력을 가진 사람일 때 그러하다. 그래서 오히려 흔쾌한 마음으로 지적당한 부분을 고치고 싶은 마음이 생기게 된다.

그러나 자격도 되지 않는 사람이 와서 이러쿵저러쿵 지적을 할 때면 오히려 반감만 생기고 그의 말과는 더 반대로 나가고 싶은 그런 경우도 없잖아 있다.

상대방을 배려하려는 마인드를 가지고 접근하는 사람과 자기의 무조건적인 우월감만을 보이려고 늘 부정적으로 판단하고

◆ 來說(래설)-와서 말하다. 말하러 오다.
◆ 是非(시비)-옳고 그름. 잘잘못.
◆ 便是(변시)-곧~이다. <便>이 "곧"이라는 뜻으로 쓰일 때는 "변"으로 발음함. <是>는 "~이다".
◆ 是非人(시비인)-시비의 주인공. 애를 먹이는 사람. 골칫거리.

평가하는 사람은 어떤 일을 처리할 때 그 열매가 다르다. 똑같은 사안이라도 조용하게 일을 처리하면서 연루된 사람들을 편안하게 해 주면서 원만하게 마무리를 짓는 사람이 있는가 하면, 오히려 중간에서 시시비비를 가려준다고 끼어든 그 사람으로 인하여 더 문제가 커지고 복잡해질 뿐만 아니라 모두가 상처를 입게 되는 경우가 있다.

083

人不勸不善 鐘不打不鳴

사람은 타이르지 않으면 착해질 수가 없고, 종은 치지 않으면 울리지 않는다.

■ 한자의 훈과 음

- 人(사람 인) • 不(아닐 불) • 勸(권할 권) • 善(착할 선) • 鐘(종 종)
- 打(칠 타) • 鳴(울 명)

해설

원인 없는 결과는 없다. 장사가 잘 되는 가게는 잘 될 수밖에 없는 그럴만한 이유가 있고, 그렇지 못한 가게는 또 잘 될 수 없는 이유가 분명 있게 마련이다.

사업도 그렇거니와 공부 역시 마찬가지다. 머리가 좋지 못한 사람인데도 성적이 좋은 경우가 있는데, 이 역시 그럴만한 이유가 분명히 있다. 그런가 하면 훌륭한 인품을 가졌거나 반듯하게 자란 사람의 성장과정을 살펴보면 대부분 그럴만한 이유가 있었음을 알 수 있고, 또 무엇 하나 부족한 것 없는 환경 속에서 풍족하게 자랐지만 사람노릇을 제대로 못해 사람들로부터 손가락질 당하는 그런 사람은 또 그 배경에 그럴만한 이유가 있음을 우리는 발견하게 된다. 그래서 "아니 땐 굴뚝에 연기 나랴?", "아니 때린 장구 북 소리 날까?"라는 속담이 나오게 된 것 아니겠는가? 본문 역시 같은 맥락의 내용이라 할 것이다.

무슨 일이든 우리는 좋은 결과를 원한다. 그러나 세상일이란 모든 것이 마음먹은 대로 되는 것이 아니기에 문제는 여기에

◆ 不勸(불권)-타이르지 않다. 좋은 것을 권면하지 않다.
◆ 不善(불선)-착하지 않다. 착하게 되지 않는다.
◆ 不打(불타)-때리지 않다. 치지 않다.
◆ 不鳴(불명)-울지 않다. 울리지 않다.

있다고 할 것이다. 그러기에 좋지 못한 결과가 나오기 전에 우리는 미리 만전을 기하여 불미스런 상황을 면하기 위해 노력할 일이다. 혹 잘못된 판단과 생활로 다소 후회스런 결과를 맛보았다 할지라도 얼른 문제의 소재를 잘 파악한 후 하루라도 빨리 새로운 각오로 다시 시작한다면, 하루하루의 반복으로 이루어지는 우리의 인생이기에 후회를 어느 정도 만회할 수 있는 기회는 분명 있게 될 것이다.

멀리까지 울려 퍼지는 아름다운 종소리도 치지 않으면 소리를 내지 않는다. 기분 좋고 은은한 종소리를 멀리까지 전하기 위해 지금 힘껏 밧줄을 당기는 우리가 되자.

084

路不行不到 事不爲不成

길이란 걷지 않으면 목적지에 도달할 수 없고, 일이란 하지 않으면 이룰 수가 없다.

■ 한자의 훈과 음

- 路(길 로) • 不(아닐 불) • 行(갈 행) • 到(이를 도) • 事(일 사)
- 爲(할 위) • 成(이룰 성)

해설

맹자는 "하지 않는 것"과 "할 수 없는 것"에 대하여 지적한 바 있다. 나무젓가락 하나를 부러뜨리는 일과 겨드랑이에 산을 끼고 옮기는 일을 성공시키지 못했을 때, 그 결과의 공통점은 둘 다 성사를 시키지 못했다는 데 있지만, 이 두 경우의 성격은 판이하게 다르다는 지적이다. 전자는 '하지 않음'으로 인한 것이요, 후자는 '할 수 없는 일'이었기 때문이라는 것이다.

세상의 일들이란 아무리 간단하고 쉬운 일이라도 행하지 않으면 이룰 수가 없고, 또 아무리 복잡하고 어려운 문제라도 끝까지 행하고 노력하면 대부분 이루어낼 수 있는 것들이다. 시작도 해 보지 않고 어려운 일이요 해도 안 될 일이라고 미리 포기를 해 버린다면 이 세상에 해 낼 수 있는 일은 그리 많지 않다. 어려운 일이기에 행함에 가치가 있고, 해도 안 될 일이었기에 그것을 해내었을 때는 그가 위대한 사람이 되는 것이다. 생활 속의 잘잘한 위대함이 큰 성공을 만들어내고 그 성공이 역사를 만들어 간다는 것을 우리는 잘 알고 있다.

◆ 不行(불행)-걸어가지 아니하다.
◆ 不到(불도)-도착하지 못하다.
◆ 不爲(불위)-하지 아니하다.
◆ 不成(불성)-이루지 못하다.

일을 하는 것은 생존의 가장 기본이다. 누구는 가난하게 살지만, 누구는 부자로 산다. 가난하게 사는 것과 부유하게 사는 그 차이는 행함과 행하지 않음의 차이요, 부지런함과 나태함의 차이로 오는 경우가 일반적이다. 사람들은 대부분 풍족한 생활 속에서 행복하게 살기를 원하지만 그리 쉬운 문제만은 아니다. 그러나 비결은 간단한 것에 있으니, 땀 흘려 일하기를 두려워하지 않는 것이 그 중에 하나다. 비결이 있음에도 게으른 사람은 가난을 누릴 특권이 있고, 열심히 일해서 부자 된 사람은 그것으로 얻은 넉넉한 행복을 누릴 특권이 있다. 언제나 땀의 결과는 정직하게 나타난다.

085

客來主不顧 應恐是癡人

손님이 왔는데도 주인이 돌봐주지 않는다면, 이는 아마도 바보일지 모른다.

■ 한자의 훈과 음

● 客(손 객) ● 來(올 래) ● 主(주인 주) ● 不(아닐 불) ● 顧(돌아볼 고)
● 應(응할 응) ● 恐(두려울 공) ● 是(옳을 시) ● 癡(어리석을 치) ● 人(사람 인)

해설

인생은 돌고 도는 것이라 했다. 이 말은 사람이 살면서 겪게 되는 처지의 변화를 두고 한 말일 것이다.

분명히 지금의 내 처지는 영원하지 않고 언젠가는 상황이 변하게 되어 있다. 그러기에 우리는 현재 상황이 다소 괴롭고 힘들다 할지라도 앞으로의 호시절을 기대하며 희망을 가지기도 하고, 지금 잘 나가는 황금기라 할지라도 앞으로의 새로운 변화에 대비하며 조심하기도 한다. 이렇게 긍정적인 사고와 신중한 삶의 태도를 가지고 사는 사람은 참으로 바람직하고 희망적이라 할 수 있다.

본문을 통해 세상살이의 주객(主客) 관계를 한 번 생각해 본다. 돌고 돈다는 사실에서, 사람은 평생 주인으로만 살 수 없고, 또 손님으로만 살 수도 없다. 때로는 주인이 되기도 하고 손님이 되기도 한다는 것이다. 어느 큰 스님은 글에서 강조하기를 우리는 "같은 배를 타고 같은 방향으로 항해하는 나그네"에 불과하다고 하였지만, 삶의 현장에서는 '나그네'라는 참 명제 속에서도

◆ 客來(객래)-손님이 찾아오다.
◆ 不顧(불고)-돌아보지 않다. 모른 척하다.
◆ 應(응)-응당. 분명히.
◆ 恐是(공시)-~일까 두렵다. ~일까 걱정이 되다. ~일지 모른다.
◆ 癡人(치인)-어리석은 사람. 바보.

주인과 손님으로서의 서로 다른 역할을 맡아야 하는 경우가 엄연히 존재한다.

인간관계의 '새옹지마(塞翁之馬)'를 생각할 때, 대접받는 손님이 되기를 바라는 사람은 먼저 손님을 잘 대접할 수 있는 자세와 실천이 반드시 필요할 것이다. 손님에게 안방을 내주는 주인도 있다. 물론 이런 처사에 대하여 여러 반응과 의견이 있을 수 있다. 그러나 기본적으로 최고의 대접은 못 해 준다고 할지라도 어떤 손님을 위해서 최선을 다 한다면, 이러한 노력은 자기가 앞으로 살아가는데 외롭지 않을 따끈한 인정의 '보험 증서'가 되어 줄 것이다. '보험'은 내가 어려울 때를 생각해서, 다소 여유가 있을 때 미리 조금씩 준비를 해 두는 어쩌면 '현실' 너머의 욕심이라 할 수 있다. 그러나 그것이 현실이 되었을 때는 그보다 더 큰 힘과 위안은 없다.

086

賢婦令夫貴 惡婦令夫敗

어진 아내는 남편을 귀하게 만들고, 나쁜 아내는 남편을 실패하게 만든다.

■ 한자의 훈과 음

- 賢(어질 현) • 婦(아내 부) • 令(영 령) • 夫(지아비 부)
- 貴(귀할 귀) • 惡(악할 악) • 敗(깨뜨릴 패)

해설

"훌륭한 아내가 훌륭한 남편을 만든다.(良妻造良夫)"는 한문 구절이 있다. 그러나 반대로 훌륭한 남편이 훌륭한 아내를 만든다는 표현은 찾아보기 힘들다. 이것은 아마도 부부간에서 아내의 역할이 더욱 중요하다는 것을 강조한 것이 아닌가 한다.

어쩌다 여인네들이 자기 남편 이야기를 하는 것을 들어보면, 두 부부의 사랑과 존경이 연상되는 경우보다는 "두 사람이 서로 만나지 말았으면 더 좋았을 걸" 하는 생각이 들 때가 더 많다.

수다는 수다다워야 재미있다. 그렇지만 내 남편이 내 입을 통해 어떻게 그려지고 있는지를 조금만 신경 쓴다면 그래도 표현에 다소 조심을 하지 않을까 싶은 생각이 든다.

"하인 앞에 영웅 없다."는 말이 있다. 가장 가까이 있는 사람이 그 사람을 너무 잘 알고 있기 때문이다. 다른 사람에게는 경이롭게 보일 일도 자기는 늘 접하는 범상적인 일로 보이기 때문이다. 좋은 점보다는 그 사람의 좋지 못한 점도 보고, 때로는 위선적이고 나약한 모습도 빠짐없이 보기 때문이다.

- ◆ 賢婦(현부)-어진 아내.
- ◆ 令夫貴(영부귀)-남편으로 하여금 귀하게 하다. 즉 남편을 귀하게 만든다.
- ◆ 惡婦(악부)-나쁜 아내.
- ◆ 令夫敗(영부패)-남편으로 하여금 실패하게 하다. 즉 남편을 실패하게 만든다.

확실히, 남편을 편안하게 해주고 용기와 힘이 되어 주는 아내는 남편이 세상에서 멋진 비행을 할 수 있는 날개가 되어 줄 것이다. 그래서 명심보감에서도 "집에 현명한 아내가 있으면 남편이 뜻하지 않은 재난을 당하지 않는다.(家有賢妻, 夫不遭橫禍)"고 말하고 있기도 하다.

성경에서도 "어진 아내는 남편의 면류관이지만, 욕을 끼치는 아내는 남편의 뼛속을 썩게 한다."고 하였고, 우리말 속담에도 "된장 쓴 것은 일 년 원수요, 마누라 못된 것은 백년 원수다."고 하여 그 어디서나 남편의 역할보다는 아내의 현숙하고 현명한 내조를 강조하고 있다.

그렇다고 하여 남편의 방임과 무책임을 눈감아 준다는 것이 아님을 우리는 더 잘 안다. "아내는 남편하기 나름이다."는 말 속에는 또 여러 가지 남편으로서의 책무에 대한 깊은 의미를 말해주고 있다.

087

小時是兄弟 長大各鄕里

어렸을 때는 형제지만, 성장하여 어른이 되면 각기 다른 마을에 있게 된다.

■ 한자의 훈과 음

- 小(작을 소) • 時(때 시) • 是(옳을 시) • 兄(맏 형) • 弟(아우 제)
- 長(길 장) • 大(큰 대) • 各(각각 각) • 鄕(시골 향) • 里(마을 리)

해설

'원단(元旦)', '세수(歲首)', '연수(年首)'라고 말하기도 하는 설 명절은 우리나라 최고의 명절이다. 한 해를 보내고 새로운 한 해를 시작하는 첫날은 "근신하여 경거망동을 삼가야 하는 날"이란 뜻에서 '신일(愼日)'이라고도 한다.

이 설날에는 여러 세시풍속들이 있지만 무엇보다 이날을 기회로 삼아 각기 헤어져 살던 부모와 형제자매들이 한 곳에 모여서 즐거움을 함께 할 수 있다는데 최고의 기쁨이 있는 게 아닌가 생각해본다. 이 때 형제자매가 특별히 많은 집안에서는 주렁주렁 후대들을 이끌고 한 뿌리 밑으로 모이게 되는데, 이런 모습들은 부모에게는 물론이거니와 형제자매들에게도 더 큰 기쁨이 된다. 이처럼 부모가 있기에 우리들은 형제자매가 있게 되고, 형제자매들이 있기에 우리들은 또 크고 든든한 울타리를 가지게 된다.

≪소학(小學)≫에서는 형제자매를 "부모의 같은 기운을 가지고 태어났다.(同氣而生)"고 정의하고 있고, 우리 역시 형제자매

◆ 小時(소시)-어릴 때.
◆ 是兄弟(시형제)-형제다. <是>는 "~이다".
◆ 長大(장대)-장대해지다. 즉 성장하여 어른이 되다.
◆ 各鄕里(각향리)-각각의 시골에 있다. 즉 헤어져 따로 살게 된다는 말.

간을 '동기간(同氣間)'이라고도 한다. 그런데 부모를 통해 동기간(同氣間)이 되기는 하지만, 언제까지나 부모 슬하에 함께 살 수는 없는 것이다.

본문의 말처럼 사람은 성장하여 결혼 적령기가 되면 자기 짝을 찾아 또 다른 보금자리를 틀게 된다. 그러다 보면 형제자매들이 같은 마을에 살 수도 있지만 각각 떨어져 살기가 십상이다. 각자 떨어져 살다가 기쁜 마음으로 한 곳에 모여 부모님의 사랑과 형제자매간의 우애를 다시 확인할 수 있는 설이 그래서 좋은 듯하다.

물론 함께 모이는 설이 좋을 수도 있지만, 평소에 부모형제간의 관계가 좋지 못했던 사람들은 설이 너무 불편하고 원망스러울 수도 있으니, 설이 즐거운 명절이 될 수 있도록 서로가 노력할 일이다.

088

妒財莫妒食 怨生莫怨死

재물에 대해서는 샘을 내더라도 먹는 것은 샘내지 말고, 산 사람은 원망하더라도 죽은 자는 원망하지 말라.

■ 한자의 훈과 음

• 妒(투기할 투) • 財(재물 재) • 莫(말 막) • 食(밥 식) • 怨(원망할 원) • 生(날 생) • 死(죽을 사)

해설

너무 지나침은 항상 부작용을 불러온다. 재물탐도 그러하고, 식탐도 그러하다. 재산은 많으면 많을수록 우리를 행복하게 해 줄 것으로 생각되지만, 얼마나 많이 가졌는지 그 여부가 결코 행복의 기준이 되는 것은 아니다. 또 음식은 맛있는 산해진미를 매일 포식하면 좋겠다 싶지만, 그렇다 하여 그런 사람이 최고의 행복을 느끼는 것은 결코 아니다. 약간 아쉬운 듯싶지만, 쓰고 먹기에 아주 곤란함만 없다면 행복할 수 있는 기본적인 조건은 갖추어진 셈이다.

본문은 재물욕이나 식욕이나 모두 지나치지 말아야할 것을 강조한 것이지만, 이 둘 중에서도 식욕을 더 경계하라 한 것이다. 누군가는 난치병 '암(癌)'을 한자로 재미있게 풀어서 말하기를, "입이 세 개(品)로도 부족할 정도로 산더미(山)처럼 맛있는 것만 많이 먹어서 된 병(疒)"이라고 하였다. 꼭 맞는 말은 아니지만, 이런 풀이를 완전히 무시할 일은 아닌 듯하다.

세상에 비겁한 일이 참 많기도 하지만, 그 중에 하나는 없는

◆ 妒財(투재)-재물을 샘내다. <妒>는 "샘내다, 시기하다".
◆ 莫妒食(막투식)-먹는 것을 샘내지 말라. <莫>은 "~하지 말라".
◆ 怨生(원생)-산 사람을 원망하다. <生>은 "살아 있는 사람".
◆ 莫怨死(막원사)-죽은 사람을 원망하지 말라. <死>는 죽은 사람.

사람 욕하고 원망하며, 자기에게 불리한 것을 없는 사람에게 덮어씌우는 일이다. 본문은 누군가를 원망하여 듣기 싫은 소리를 할지라도 그 사람이 있는 곳에서 할 것이요, 그 사람이 살아있을 때 할 일이지 그가 죽고 없는 자리에서 그를 욕되게 해서는 안 된다는 말을 강조한 것이다.

089

人善被人欺 馬善被人騎

사람이 착하면 다른 사람에게 기만을 당하고, 말이 착하면 사람들에게 부림을 당한다.

■ 한자의 훈과 음

• 人(사람 인) • 善(착할 선) • 被(이불 피) • 欺(속일 기) • 馬(말 마) • 騎(말탈 기)

해설

사람은 착하게 살아야 한다. 이 사실을 부정하는 사람은 아마 없을 것이다. 착하게 사는 것, 어쩌면 이것이 교육의 우선 목표가 아닐까 그런 생각도 든다. 하지만 현실 세계에서는 너무나 착하게만 살다가는 손해를 보는 경우가 번번이 일어나고 있으니, 그러한 불이익을 당하지 않도록 하기 위해서는 적당하게 처세하라고 가르쳐야 될 것인지 혼란스럽기도 하다.

물론 착하게 사는 것과 처세술은 성격이 다른 것이지만, 착한 사람들이 사심 없이 평범하게 살아갈 때, 그들을 기만하거나 그들에게 손해를 끼치는 그런 사람들이 없는 사회가 되면 참 좋겠다. 조용하게 서로 이야기를 나누어도 될 만한 자리임에도 목소리를 크게 하여 자신의 존재감을 과시하거나, 사람에게 창피를 주어 더 이상 토를 달지 못하게 입을 봉쇄시켜버리는 그런 사람들이 없는 세상이 되면 참 좋겠다 싶다.

본문에서는 착한 사람과 말을 같은 입장에 놓고, 이들이 사람들에게 기만당하고 또 이 사람 저 사람에게 부림을 당하는 모습

◆ 人善(인선)-사람이 착하다.
◆ 被人欺(피인기)-다른 사람에게 기만을 당하다. <被>는 "~당하다".
◆ 馬善(마선)-말이 착하다. 즉 말이 고분고분 말을 잘 듣는다는 뜻.
◆ 被人騎(피인기)-사람들에게 부림을 당하다

을 지적하고 있다.

전후 사정을 대충 미루어 짐작할 수 있는 우리는 비록 착한 심성을 가졌다할지라도 부당한 대우를 당하거나 예의에 크게 어긋난 경우를 당했을 때는 착한 심성과는 다른 차원에서 접근하여야 할 것이다.

어떤 사람은 아주 조용하고 착한 사람이어서 평소에는 거의 존재감을 느낄 수 없는 사람 같지만, 그 누구도 그 사람을 쉽게 생각하거나 무시하지 않는 경우도 있으니, 그는 분명 세상을 사는 남다른 지혜를 가졌음에 틀림이 없다.

090

兄弟是兄弟 過江須用錢

형제는 형제더라도, 강을 건널 때는 각자가 돈을 내야한다.

■ 한자의 훈과 음

● 兄(맏 형) ● 弟(아우 제) ● 是(옳을 시) ● 過(지날 과) ● 江(강 강)
● 須(모름지기 수) ● 用(쓸 용) ● 錢(돈 전)

해설

같은 부모에게서 태어난 친 형제자매를 우리는 '동기(同氣)' 혹은 '친동기(親同氣)'라고 한다. 이 말은 부모의 동일한 기운과 기백 등을 똑같이 타고난 한 혈통임을 말하는 것이다. 그래서 형제자매는 '동기연지(同氣連枝)'라고 말하기도 한다. 즉, 같은 기운을 타고난 형제자매는 나무의 가지와 같다는 말이다.

그런데, 이치는 비슷하지만 우리 인간이 나뭇가지와 다른 점은 언제까지나 함께 할 수 없다는 점이다. 왜냐하면 사람은 독립하기 전까지는 부모 슬하에서 보호를 받으면서 함께 지내다가 일정 시기가 되면 각자 결혼을 해서 독립된 가정을 이루어야 하기 때문이다.

분가하여 독립하기 전까지는 부모로부터 부양을 받고 있기 때문에 형제자매들의 소유권 개념은 그렇게 강할 수가 없는 것이다. 그렇지만 결혼을 해서 각자 새로운 가정을 이루게 되면 소유에 관한 선이 자연스럽게 분명해지게 된다. 물론 결혼 후에도 동기간의 정리(情理)에 따라 네 것 내 것 없이 사는 경우도 있을 수 있지만 아주 드문 경우라 할 것이다. 설령 그렇다할지라

◆ 是兄弟(시형제)-형제다. <是>는 "~이다".
◆ 過江(과강)-강을 건너다.
◆ 須用錢(수용전)-반드시 돈을 써야한다. 즉 자기 돈을 써야 한다는 말.

도 그것이 또 최선이라고 단정하기도 쉽지는 않을 것이다. 형제자매간의 선이 너무 무절제하면 뜻하지 않은 여러 가지 문제가 생길 수도 있고, 또 너무 엄격하면 형제자매간에 의리가 상해서 남보다 더한 원수가 될 수도 있다.

≪소학(小學)≫에서 "형제자매는 서로 우애할 따름이다.(兄弟姉妹友愛而已)"라고 한 것처럼 '우애'를 바탕으로 주위의 형제자매들을 돌아봐가면서 적절하게 관계를 유지해 갈 수 있는 지혜가 꼭 필요할 것이다.

091

富人思來年 貧人思眼前

부자는 내년을 생각하지만, 가난뱅이는 눈앞의 지금을 생각한다.

■ 한자의 훈과 음

• 富(부자 부) • 人(사람 인) • 思(생각할 사) • 來(올 래) • 年(해 년)
• 貧(가난할 빈) • 眼(눈 안) • 前(앞 전)

해설

앞에서도 장사가 잘 되는 이유와 못 되는 이유에 대해서 언급했듯이, 부자로 사는 것에도 그만한 이유들이 다 있다고 할 수 있다.

무엇보다 가장 쉽게 부자가 된 사람은 자신의 노력이나 능력과는 전혀 관계없이 부모로부터 많은 유산을 물려받아서 출발부터 부자가 된 사람이다. 이런 사람이 있는가 하면, 반면에 오로지 빈손으로 시작하였지만 피와 땀을 통해 돈과 명예를 일궈낸 자수성가형 부자도 있다. 자수성가형 부자 중에는 또 정당한 방법을 통해서 꿈을 이룬 사람도 있지만, 혹자 중에는 아름답지 못한 노력, 즉 뜻을 이루기 위해서는 수단과 방법을 가리지 않고 사회에 반한 행동으로 부를 이룬 사람도 있다. 우리는 이런 여러 가지 모습들을 주위에서 바라보면서 우리가 배워야할 바람직한 부자의 상을 생각해볼 수 있다. 정당한 방법으로 열심히 노력하여 그 누구에게나 부끄럽지 않은 존경받는 부자가 되는 것이 가장 중요한 것이다.

◆ 富人(부인)-부유한 사람. 즉 부자.
◆ 思來年(사래년)-다가올 해를 생각하다. <來年>는 "명년" 혹은 "앞으로 올 해". 즉 미래를 생각한다는 뜻.
◆ 貧人(빈인)-가난한 사람. 즉 가난뱅이.
◆ 思眼前(사안전)-눈앞을 생각하다. 즉 현재만을 생각한다는 뜻.

가난은 다 싫어하는 것이지만, 그 가난을 극복하지 못하는 것에는 또 그만한 이유들이 있으니, 내가 부지런하지 못해서 가난하게 사는 것이 가장 부끄러운 일이 아닐까 생각한다. 세상사 중에는 개인의 능력으로는 도저히 극복할 수 없는 운명적인 그런 일도 있지만, 생각만 좀 달리하고 적극적인 의지만 좀 더 가진다면 그 운명적이라 생각되던 환경과 조건들도 바꾸어 가면서 뜻을 이룬 경우도 더러 본다.

처한 상황이 '그래서' 포기한 사람도 있지만, '그럼에도' 포기하지 않는 사람이 있다. 똑 같은 여건 속에서도 누군가는 성공하고 누군가는 실패하는 경우를 볼 때, 역시 모든 부와 성공의 열쇠는 자기 자신의 가슴과 손에 달려 있음을 알게 된다.

092

夫妻相好合 琴瑟與笙簧

부부가 서로 잘 화합 될 때는, 거문고와 생황과 같다.

■ 한자의 훈과 음

- 夫(지아비 부) ● 妻(아내 처) ● 相(서로 상) ● 好(좋을 호) ● 合(합할 합)
- 琴(거문고 금) ● 瑟(큰 거문고 슬) ● 與(줄 여) ● 笙(생황 생) ● 簧(혀 황)

해설

부부간에 사이가 아주 좋으면 우리는 보통 "금실이 참 좋다."고 말을 한다. 이 때 '금실'이란 이 말은 '금슬상화(琴瑟相和)'라는 한자성어와 깊은 관계를 가진다. 즉 "거문고와 비파 소리가 조화를 잘 이룬다."는 이 말 속의 '금슬'은 바로 오늘날 우리가 쓰고 있는 '금실'의 원말인 것이다. '금슬'이란 말이 들어가는 표현 중에는 '금슬지락((琴瑟之樂)'이라는 말이 또 있는데, 이는 부부가 행복하게 살아가면서 느끼는 그 즐거움을 말한다.

거문고 줄이든 비파 줄이든, 그 줄들은 원래 서로 다른 운명으로 태어났을 것이다. 그러나 어느날 동일한 한 목판 위에서 서로 만나 조화롭고 아름다운 소리를 내게 되었을 때, 이는 마치 어느 한 쌍의 선남선녀가 서로 다른 환경에서 각자 따로따로 살아오다가 어느날 부부가 되어 아름답게 살아가는 모습과 거의 같은 이치로 이해될 수 있었기에, 우리 선조들은 거문고와 비파의 줄로 부부애를 상징한 것이 아닌가 싶다.

- ◆ 夫妻(부처)-남편과 아내. 부부.
- ◆ 相(상)-서로.
- ◆ 好合(호합)-서로 좋게 잘 만나 행복하게 지냄.
- ◆ 琴瑟(금슬)-거문고와 비파. 여기서는 부부 사이의 정을 가리킴.
- ◆ 與(여)-~와.
- ◆ 笙簧(생황)-생황. <笙篁>이라고 쓰기도 함. 이 생황은 아악(雅樂)에 쓰는 관악기의 하나로, 죽관(竹管)을 둥글게 둘려 꽂아 만든 악기임.

아무리 질이 좋은 거문고나 비파라 할지라도 그것을 다룰 줄 모르면 결코 좋은 소리를 낼 수 없듯이, 부부 각 개인도 아무리 좋은 배경과 훌륭한 능력을 가진 재자가인이라 할지라도 서로가 좋은 향기를 낼 수 있도록 조절할 수 있는 지혜가 없거나 가꾸어나가지 못한다면 그 보다 더 큰 불행은 없을 것이다.

093

國亂思良將 家貧思賢妻

나라가 어지러울 때는 훌륭한 장군이 생각나고, 집안이 가난할 때는 어진 아내가 생각난다.

■ 한자의 훈과 음

- 國(나라 국) • 亂(어지러울 란) • 思(생각할 사) • 良(좋을 량) • 將(장차 장)
- 家(집 가) • 貧(가난할 빈) • 賢(어질 현) • 妻(아내 처)

해설

"있을 때 잘 해."라는 유행가의 노랫말이 말해 주고 있듯이, 우리는 살면서 무엇인가를 잃고 나서 후회하는 경우가 참 많은 것 같다.

같은 이치에서 우리의 건강이 그렇고, 친구나 부부처럼 모든 인간관계가 다 그러하다. 건강할 때는 건강한 것이 당연한 것이라 생각되기 때문에 건강에 대한 감사를 느끼지 못하고 살다가 문제가 발생하여 불편하거나 고통을 느끼게 되면 그 때서야 조금만 더 신경을 썼더라면 하고 후회를 한다. 부모나 형제자매, 그리고 친구 사이에서도 헤어지거나 불편한 관계가 되고 나서야 자신의 옹졸했던 마음의 크기가 후회스럽고 조금만 양보하고 조금만 더 내가 손해를 보았으면 좋았을 걸 하고 깨닫게 되는 경우가 허다하다.

가정이나 나라도 규모만 다를 뿐이지, 그것이 유지되어 가는 이치는 매 한 가지일 것이다. 꼼꼼하게 가정의 살림살이를 챙기고, 나라의 평화를 유지하는데 있어서 아내와 장군의 역할이

◆ 國亂(국란)-나라가 어지럽다. 즉 나라가 어려움에 처하다.
◆ 思良將(사량장)-훌륭한 장군이 생각나다.
◆ 家貧(가빈)-집이 가난하다.
◆ 思賢妻(사현처)-어진 아내가 생각나다.

대단히 중요하다. 하지만 그 역할의 중요성과 그들이 현재 얼마나 잘 하고 있는지에 대한 그 평가는 지나고 난 뒤에 가서야 알게 되는 것이니, 우리 인간의 일반적인 한계는 여기에 있지 않나 싶다.

천리마도 중요하지만, 천리마를 알아볼 수 있는 혜안의 소유자 '백락(伯樂)'과 같은 그의 인지 능력이 지도자에게는 꼭 필요한 것이다.

094

家中無才子 官從何處來

집안에 재주가 뛰어난 수재가 없으면, 벼슬은 어디에서 오겠는가?

■ 한자의 훈과 음

- 家(집 가) ● 中(가운데 중) ● 無(없을 무) ● 才(재주 재) ● 子(아들 자)
- 官(벼슬 관) ● 從(좇을 종) ● 何(어찌 하) ● 處(살 처) ● 來(올 래)

해설

자식이 부모에게 해 드릴 수 있는 효도의 길은 여러 가지가 있을 수 있지만, 그 중에서도 우리나 중국 같은 나라에서는 관직을 얻는 것을 최고의 효도로 여겨왔던 것 같다. 그래서 ≪효경(孝敬)≫에서도 "후세에 이름을 날려 부모님을 드러내는 것이 효도의 마침이다.(揚名於後世, 以顯父母, 孝之終也)"라고 하였다.

옛날에 '양명(揚名)'은 곧 관직으로 나가는 것이었다. 물론 후세에 이름을 날릴 수 있는 길이 오직 관직의 길만 있었던 것은 아니지만, 옛날에는 이것을 거의 출세의 유일한 방법처럼 여겨왔던 것이다. 예나 지금이나 '관직'은 아무나 할 수 있는 일이 아니기 때문에 여기에 최고의 가치와 영광이 있다고 생각하였으며, 그러기에 또 어떤 가문에서 그런 사람이 하나 나오면 집안은 물론이고 그 지역의 경사가 되기도 하였다.

오늘날은 시대가 많이 변했고, 또 관직에 대한 시각도 많이 바뀌었지만, 그래도 아직까지 여전한 고시풍조 속에는 바로

◆ 家中(가중)-집안에.
◆ 無才子(무재자)-재자가 없다. <才子>란 "재주가 뛰어난 남자". 즉 "뛰어난 수재"를 가리킴. <才子>와 대가 되는 말은 아름다운 여자라는 뜻의 <佳人>임.
◆ 官(관)-벼슬. 관직.
◆ 從何處來(종하처래)-어디에서 오겠는가. <從>은 "~로부터". <何處>는 "어느 곳".

이러한 전통적 배경이 크게 작용하고 있는 것이 아닌가 생각된다.

태어날 때는 재자가인이었지만 성장해 가면서 애초의 신분과는 전혀 관계없는 사람으로 전락해 버리는 경우도 있지만, 처음에 출신과 모습은 재자가인이 아니었지만 남다른 의지와 노력으로 자신을 그렇게 만들어가는 사람도 있으니, 우리가 배우고 귀감을 삼을 것은 후자가 아니겠는가?

095

初見易得好 久住難爲人

처음 만났을 때는 좋은 인상을 얻기 쉽지만, 오래 머물게 되면 인간다움을 유지하기가 어렵다.

■ 한자의 훈과 음

- 初(처음 초) • 見(볼 견) • 易(쉬울 이) • 得(얻을 득) • 好(좋을 호)
- 久(오랠 구) • 住(살 주) • 難(어려울 난) • 爲(할 위) • 人(사람 인)

해설

잠깐 동안은 가식이나 위장으로 남에게 좋게 보일 수도 있지만, 시간이 오래 지속되다 보면 꾸몄던 허상은 사라지고 원래의 그 진면목이 자연스럽게 드러나기 마련이라는 게 본문의 요점이다.

우리는 사람을 만났을 때 첫 인상이 참으로 중요하다는 이야기를 자주 한다. 그런데 그 첫 인상이 우리에게 각인되는 시간은 그리 길지 않다. 그렇기 때문에 단순하게 생각하면 상대에게 무엇인가 호감에 찬 첫인상을 주기 위해서는 잠깐 사이에 어떤 좋은 인상을 만들어 보여줄 수도 있을 것이라 생각된다. 그러나 그것도 쉬운 것은 아니다. 왜냐하면 아무리 짧은 '순간'이라 할지라도 평소의 심상(心象)과 인생에 대한 태도가 자기도 모르는 사이에 배어나기 때문이다. 구체적으로 설명을 하기는 힘들지만, 많은 경우 처음 만난 상대라 할지라도 그 사람이 가식을 통해 잘 보이려고 하는 것인지, 아니면 평소의 진솔한 모습으로 욕심 없이 다가오는지를 느낄 수가 있다.

◆ 初見(초견)-처음 보다. 처음 만나다.
◆ 易得好(이득호)-좋은 것을 얻기 쉽다. 즉 좋은 인상을 얻기 쉽다는 뜻.
◆ 久住(구주)-오래 머무르다.
◆ 難爲人(난위인)-인간됨이 어렵다. 즉 인간다운 모습을 보여주기가 어렵다는 말.

그러나 첫 인상으로 사람을 속단해서는 안 되는 것이 또 우리 인생이다. 왜냐하면 처음에 받은 좋지 못한 느낌과는 달리 살아가면서 정말 훌륭한 인품을 보여주는 그런 사람이 있는가 하면, 또 좋은 첫 인상과는 정반대로 점점 구린내 나는 추한 모습을 보여주는 그런 사람도 많기 때문이다.

사람은 그대로 멈춰있는 것이 아니라 언제나 변해가는 그 가변성 때문에 희망을 기탁하기도 하고, 또 실망이 예상되기도 한다. 희망을 걸 때 좋은 모습이 눈에 많이 들어온다.

096

庭前生瑞草 好事不如無

뜰 앞에 서초(瑞草)－영지(靈芝)－가 나기도 하지만, 아무리 좋은 일이라도 없는 것만 못하다.

■ 한자의 훈과 음

• 庭(뜰 정) • 前(앞 전) • 生(날 생) • 瑞(상서로울 서) • 草(풀 초)
• 好(좋을 호) • 事(일 사) • 不(아닐 불) • 如(같을 여) • 無(없을 무)

해설

영지(靈芝)는 버섯의 일종으로, 사람이 이것을 먹으면 장생불로(長生不老)하고 기사회생(起死回生)한다는 속설을 가지고 있다. 1년에 세 번 꽃을 피우기 때문에 '삼수(三秀)'라고 하기도 하지만, 옛날 사람들은 '서초(瑞草)'나 '선초(仙草)'라고 부르기도 하였다. 상서로운 구름 모양을 하고 있는 영지는 장수(長壽)를 상징하기 때문에 아주 귀하게 여기는 식물이다.

그런데 이렇게 귀한 버섯도 우연히 재수가 좋으면 생각지도 않게 집안의 뜰 앞에 이것이 자라날 수도 있다는 것이다. 하지만, 본문의 이야기는 그와 같이 좋은 일도 이것으로 인하여 마(魔)도 생기고 장애(障礙)도 생길 수가 있기 때문에, 애당초 이런 일은 없는 것이 더 낫다는 말이다.

불교 선종(禪宗)의 공안집(公案集)인 ≪벽안록(碧巖錄)≫에도 '호사불여무(好事不如無)'라는 구절이 나온다. 여기서 '호사(好事)'란 예불(禮佛)이나 독경(讀經)과 같은 수행을 위한 좋은 행위를 말하는데, 이렇게 좋은 일이라도 그 일에 너무 집착을

◆ 庭前(정전)－뜰 앞. 혹은 마당.
◆ 瑞草(서초)－상서로운 풀. 즉 영지(靈芝)의 다른 이름.
◆ 好事(호사)－좋은 일.
◆ 不如無(불여무)－없는 것만 못하다 <不如>는 "～만 못하다", "～하는 것이 더 낫다".

하게 되면 오히려 하지 않는 것이 더 낫다는 의미란다. 그렇다면 한자성어 중의 '호사다마(好事多魔)'란 말도 이러한 이치와 일맥상통하는 말이 아니겠는가?

097

寧向直中取 不可曲中求

차라리 올바른 것 속으로 나아가 취하는 것이 낫지, 바르지 못한 것 속에서 구하는 것은 옳지 않다.

■ 한자의 훈과 음

- 寧(편안할 녕) • 向(향할 향) • 直(곧을 직) • 中(가운데 중) • 取(취할 취)
- 不(아닐 불) • 可(옳을 가) • 曲(굽을 곡) • 求(구할 구)

해설

사람에게는 양심이 있기 때문에 옳은 것은 따르고 옳지 않은 것은 따르지 않으려고 노력한다. 그러나 경우에 따라 어떤 이익을 위해서는 양심을 지키지 않는 사람이 있기 때문에 우리 사회에서는 일정한 규율을 만들어 이를 통제하고 있다.

무슨 일이나 과정과 결과가 있기 마련이다. 그러나 살다보면 자신이 이루고자 한 목적을 이루기 위해서는 올바른 과정이나 방법은 무시하고 결과에만 집착하는 모습을 어렵지 않게 접하곤 한다. 당사자는 그것이 최선의 방법이었다고 자위할지 모르나, 길게 볼 때 그렇게 해서 이룬 성과는 좋은 평가를 받을 수 없고, 또 어떤 일을 하는데 있어서 떳떳한 명분을 가질 수가 없게 될 것이다.

세상에는 자신만이 아는 죄가 있을 수 있다. 밖으로 드러나지 않았기 때문에 이것이 남에게 알려지지 않을 수도 있을 것이다. 그러나 이런 것에 대해서 스스로가 뒤돌아보면서 반성을 할

◆ 寧(녕)-차라리 ~할지언정.
◆ 向直中取(향직중취)-곧은 것 속으로 나아가 취하다. 즉 옳은 원칙 속에서 수단을 취한다는 의미. <向>은 "~로 향하다, ~로 나아가다".
◆ 不可(불가)-~함은 옳지 않다. ~해서는 안 되다.
◆ 曲中求(곡중구)-굽은 것 가운데서 구하다. 즉 옳지 않은 수단을 쓴다는 의미.

줄 아는 사람은 그래도 양심이 살아 있다고 할 수 있으며, 그렇기에 앞으로는 이와 비슷한 일이 재발할 가능성은 줄어들 것이다. 그러나 천하가 다 아는 비양심적인 행동을 해 놓고도 그것을 느끼지 못하고 부정하는 사람도 있으니 절대 배우지 말아야 할 점이라 하겠다.

098

欲求生富貴 須下死工夫

살아있을 때 부귀를 얻고자 한다면, 모름지기 결사적으로 공부를 해야 한다.

■ 한자의 훈과 음

- 欲(하고자 할 욕) • 求(구할 구) • 生(날 생) • 富(부자 부)
- 貴(귀할 귀) • 須(모름지기 수) • 下(아래 하) • 死(죽을 사)
- 工(장인 공) • 夫(지아비 부)

해설

사람 중에 부귀를 원하지 않는 사람이 있을까? 평범한 사람이라면 어쩌면 모든 사람들이 다 이것을 누릴 수 있기를 간절히 원할 것이다. 물론 부귀에는 전혀 관심이 없는 사람도 있을 수 있다. 그러나 이런 사람들은 대부분 인간의 본능 내지는 욕구를 초탈하여 또 다른 가치 기준에서 삶을 추구하는 사람들이기에 특별한 경우라 할 것이다. 따라서 일반적으로 부귀에 대한 욕심은 정상적인 것이라 할 것이며, 이것에 대한 추구와 향유는 어쩌면 또 인생의 대부분을 차지하는 것이 아닌가 생각된다.

그런데 본문의 말처럼, 자신이 살아 있는 동안 부귀를 누리기 위해서는 땀 흘려 그것을 내 것으로 만들어야 할 것이다. 왜냐하면 세상에는 땀 없이 공짜로 얻을 수 있는 것은 결코 없기 때문이다. 설령 요행이 있다고 하더라도 그것만을 기대하고 인생을 허송세월한다면 결국에 가서 그 요행이 오지 않았을 때 얼마나

◆ 欲求(욕구)-~을 구하고자 하다.
◆ 生富貴(생부귀)-살아 있을 때의 부귀.
◆ 須下(수하)-모름지기 행하다. <下>는 "하다, 행하다". <下工夫>는 "공부를 하다, 노력을 기울이다".
◆ 死工夫(사공부)-결사적인 공부. 결사적인 노력. 즉 학문이나 기술을 닦는 공부나 노력을 결사적으로 해야 한다는 의미

후회스럽겠는가? 세상에는 간혹 공짜로 얻어지는 경우도 있지만, 가만히 따지고 보면 뒤에 가서 어떤 형태로든 그 대가(代價)를 치르게 되어 있다.

사력을 다해 노력하는 자에게는 분명히 좋은 결과가 있기 마련이다. 땀을 흘릴 줄 아는 사람에게는 세상이 감동하고, 하나님이 감동하며, 돌아앉아 있던 부처님도 몸을 돌려 손을 내미는 그런 기적이 일어나게 되어 있다. 준비가 되어 있지 않은 사람, 노력하지 않는 사람에게는 다가오던 행운도 방향을 틀고 만다.

099

人不通古今 馬牛如裾襟

사람이 고금(古今)에 통달하지 못하면, 말과 소가 옷을 입고 사는 것과 같다.

■ 한자의 훈과 음

- 人(사람 인) • 不(아닐 불) • 通(통할 통) • 古(옛 고) • 今(이제 금)
- 馬(말 마) • 牛(소 우) • 如(같을 여) • 裾(옷자락 거) • 襟(옷깃 금)

해설

일에는 마땅한 조리나 도리가 있기 마련이다. 그것을 잘 이해하고 지킬 줄 아는 사람은 남에게 비판을 받지 않는다. 그러나 융통성이라고는 조금도 없이 오로지 자기 고집만을 내세우며 억지를 부리는 사람은 '이치'를 모르는 사람이라고 지탄을 받기 십상이다.

일의 이치를 인지하고 그 이치에 따라 적절하게 순응할 줄 아는 능력의 정도는 사람을 평가하는데 기준이 되기도 한다. 그래서 사람이 마땅한 이치에 배리되는 언행을 보일 때는 짐승만도 못한 인간이라고 표현하기도 하는데, 이 '이치'는 특정 공간에서 특정인에게만 적용되는 것이 아니다. 시간과 공간을 초월하여 우리 인간 세상이면 그 어디나 보편적으로 통할 수 있는 객관적인 가치를 가지고 있기 때문에 사람들은 이 이치를 중요하게 생각하고 또 이것으로 사람을 평가하는 가늠의 잣대로 삼는 것이다.

옛날이나 지금이나 우리에게 통용되고 있는 이 이치를 제대로 알지 못하면, 형상은 사람이라 할지라도 진정한 사람이 아니라

◆ 通古今(통고금)-고금에 통하다. 즉 고금의 이치에 통달하다는 뜻.
◆ 馬牛(마우)-말과 소. 여기서는 "우마(牛馬)"를 예로 들어 "짐승"을 나타냄.
◆ 如裾襟(여거금)-옷을 입은 것과 같다.

동물에게 옷을 입혀 놓은 것과 같다는 것이 본문의 강조점이다.

나이가 어린 아이가 이치를 제대로 깨닫고 도리를 지켜나갈 때 우리는 "철이 들었다."고 말을 하는데, 어른이 되어서도 철이 안 든 사람이 있으니, '철'이란 사람의 나이에 기준이 있는 것이 아니라, 바로 이치에 대한 이해와 실천에 그 기준이 있다고 할 것이다.

100

同君一席話 勝讀十年書

그대와 함께 앉아 대화를 하는 것이, 십 년 독서보다 낫다.

한자의 훈과 음

- 同(한가지 동) • 君(임금 군) • 一(한 일) • 席(자리 석) • 話(말씀 화)
- 勝(이길 승) • 讀(읽을 독) • 十(열 십) • 年(해 년) • 書(글 서)

해설

우리가 모르는 지식은 주로 직접경험이나 혹은 간접경험을 통해서 알아간다. 이 중에서 간접 경험의 대부분은 책을 통해서 아니면 다른 사람의 입을 통해서 알아가는 것이 일반적이다. 책에서 배우는 것과 직접 사람의 입을 통해 배우는 것에는 차이가 있으니, 직접 사람이 전해주는 그의 경험이나 견해 및 지식 등에는 아주 생동적인 어조와 표정과 감정을 담아 말해주기 때문에 이것이 큰 장점이 된다.

따라서 우리는 대화나 강의 속에서 거의 직접 경험과 비슷한 느낌을 받게 되고, 여기서 받는 그 감동과 영향력은 책을 통해 얻게 되는 것보다 훨씬 강하다고 할 수 있다. 무엇보다 일방적인 전달에 그칠 수밖에 없는 독서와는 달리, 대화에서는 서로가 느낌을 교환하고 또 모르는 것을 질문할 수 있다는 점에서 또 큰 매력이 있다. 그래서 어떤 유명인이 강연을 한다고 했을 때, 이미 출판된 책의 내용을 그대로 이야기할 것이라고 예고를 했다 하더라도, 그의 강연을 직접 들어보려는 사람들이 많은

◆ 同君(동군)-그대와. <同>은 "~와(=與)". <君>은 "그대, 당신".
◆ 一席話(일석화)-한 자리에 앉아 이야기를 하다.
◆ 勝讀(승독)-~을 읽는 것보다 낫다. <勝>은 "~보다 낫다".
◆ 十年書(십년서)-10년 동안의 책.

이유도 여기에 있다 할 것이다.

그렇지만, 책을 통한 독서는 시간과 공간의 제약을 받지 않고 언제 어디서나 마음껏 읽을 수 있는 장점이 있는 반면, 직접적인 대화나 강의를 통해서 무엇인가를 배우려고 할 때는 여러 가지 제약이 따른다. 그렇기 때문에 상황에 따라서 독서는 독서대로 많이 하도록 노력하고, 기회가 되어 누군가와 대화를 나누며 이야기를 들을 때는 그 시간이 정말 귀한 시간이 될 수 있도록 노력하는 것이 좋을 것이다.

101

結交須勝己 似我不如無

교제는 반드시 자기보다 나은 자와 해야지, 나와 비슷한 사람과 하는 것은 없는 것만 못하다.

■ 한자의 훈과 음

• 結(맺을 결) • 交(사귈 교) • 須(모름지기 수) • 勝(이길 승) • 己(자기 기)
• 似(같을 사) • 我(나 아) • 不(아닐 불) • 如(같을 여) • 無(없을 무)

해설

인간관계는 일방적으로 이루어지는 것이 아니다. 쌍방이 서로 호응해야 관계가 유지될 수 있기 때문이다. 본문은 일시적인 인간관계가 아닌 사회 속에서 삶의 동반자라 할 수 있는 친구를 사귈 때 명심해야 할 말이다. 그러나 이 말은 문자 그대로 받아들여서는 안 되고, 한 번 걸러서 속뜻을 이해해야 할 말이다.

교제는 내 의지에 의해서 이루어지는 경우도 있지만, 반대로 상대방의 선택에 의해서 내가 그의 교제관계 속에 들어갈 수도 있다. 내 입장에서는 나에게 유익한 사람만을 골라서 교제를 하고 싶지만, 상대방 입장에서는 나와 같은 생각을 가졌다면 자기보다 못한 나를 친구로 삼아주겠는가?

사람은 한 면만을 가지고 살아가는 것이 아니기에 우열을 가리기 힘들고, 교제는 반드시 이득을 보려고 하는 것이 아니기에, 여러 형태의 관계에서도 그러한 인연에 감사하며 살아가도록 노력하는 일이 중요하다고 생각된다. 세상에는 참 좋은 선연(善緣)도 있지만 죽도록 미운 악연(惡緣)도 있다. 그 어떤 관계에

◆ 結交(결교)-사귐을 맺다. 즉 친구와 교제를 한다는 의미.
◆ 須勝己(수승기)-반드시 자기보다 낫다 <勝>은 "~보다 낫다".
◆ 似我(사아)-나와 같다. 즉 자기 자신과 비슷하다는 의미.
◆ 不如無(불여무)-없는 것만 못하다. 없는 것이 더 낫다. <不如>는 "~만 못하다".

있든 우리가 상대방의 좋은 점은 따라 배우고, 나쁜 점은 내 삶의 타산지석(他山之石)으로 활용할 수만 있다면 후회 없는 교제관계를 만들어갈 수 있을 것이다.

친구를 통해 내가 득(得)을 보았기에 행복할 수도 있지만, 친구를 위해 힘들고 손해를 보았어도 행복을 느낄 수 있는 경우도 있으니, 진정한 행복을 아는 사람은 꼭 득을 위해 사는 것이 아니라 싶다.

102

但看三五日 相見不如初

본 지가 며칠밖에 안 되었는데, 서로 보는 것이 처음만 못하다.

■ 한자의 훈과 음

• 但(다만 단) • 看(볼 간) • 三(석 삼) • 五(다섯 오) • 日(해 일)
• 相(서로 상) • 見(볼 견) • 不(아닐 불) • 如(같을 녀) • 初(처음 초)

해설

뭔가에 대한 기대가 너무 지나치면 그것이 무너졌을 때 실망도 크게 받는다. 그러나 관심도 기대도 없을 때는 기뻐할 일도 실망할 일도 없이 그냥 관망만 하면 될 뿐이다. 그러나 인간관계에서는 상대방에게 큰 기대는 하지 않더라도 나에 대한 그의 반응이 우호적이냐 아니면 냉소적이냐에 따라 내 감정은 상당한 영향을 받게 되고, 그 영향은 나아가 내 행복이란 모자이크의 한 부분을 차지하게 된다.

사람은 이제 막 교제를 시작하였든 아니면 오랜 기간 동안 교제를 해 왔든 상대방에 대한 배려와 이해가 전제되지 않았을 때는 여러 가지 오해와 부작용이 따르게 되어 있다. 변함없는 감정과 태도로 상대에게 다가간다 할지라도 받아들이는 자의 정서와 환경의 변화에 따라 달리 해석이 되고 평가를 받을 수 있기 때문이다. 진정한 친구라면 언제까지나 믿어주고 무엇이나 이해해 주려고 노력하는 것이 필요할 것이다. 설령 친구로부터 순간적으로 기분이 상하는 대접을 받고 그런 느낌을 받았다

◆ 但看(단간)-단지 ~만 보다. 다만 ~만 보았을 뿐이다.
◆ 三五日(삼오일)-3~5일. "며칠".
◆ 相見(상견)-서로 보다.
◆ 不如初(불여초)-처음과 같지 않다. 즉 "처음만 못하다"는 의미.

할지라도 그것만으로 친구를 평가해서는 안 되며, 다시 정상적인 관계로 회복되고 이전과 같은 교제가 이루어질 수 있는 시간을 잠시 기다릴 줄 아는 태도도 중요하다.

본문의 말처럼 만나고 사귄지 며칠이 되지도 않았지만, 관계가 처음만 못할 수도 있다. 분명한 것은 인간관계란 날씨와 같아서, 항상 좋을 수도 항상 나쁠 수도 없으며, 좋은 때가 있으면 나쁜 때도 있고, 상처를 받을 때가 있으면 내가 상처를 줄 때도 있는 것이다.

103

讀書須用心 一字値千金

책을 읽을 때는 반드시 마음을 다해야 한다. 글자 하나하나에 천 금의 가치가 있기 때문이다.

■ 한자의 훈과 음

• 讀(읽을 독) • 書(글 서) • 須(모름지기 수) • 用(쓸 용) • 心(마음 심)
• 一(한 일) • 字(글자 자) • 値(값 치) • 千(일천 천) • 金(쇠 금)

해설

우리에게는 물질적인 풍요를 위한 욕심이 있고, 정신세계 속의 지적 만족을 위한 욕심이 있다. 그 어느 것이든 이런 풍요와 만족을 채우기 위해서는 공부를 해야 한다. 공부는 생활 중에 체험을 통해 배우는 것도 있지만 가장 기본이 되는 것은 책을 통해 배우는 것이다.

책으로 공부를 하는 것도 사람마다 방법이 다르고, 그 결과도 천차만별이지만 어쨌든 정신집중을 해서 내용을 잘 이해해야 하는 것은 누구에게나 필요한 과정이다. 공부는 먼저 배우고자 하는 의지가 가장 중요하다. 배울 생각이 없으면 아무리 좋은 스승이 아무리 강한 열정을 가지고 좋은 내용을 가르친다 해도 결과는 뻔하기 때문이다. 그래서 율곡선생은 ≪격몽요결(擊蒙要訣)≫에서 다음과 같이 독서하는 방법을 소개하고 있는데 참고해 보면 좋겠다.

즉, "공경하는 마음가짐으로 책을 마주하여(敬對方册), 마음을 오직 하나로 하고 뜻을 극진히 하며(專心致志), 자세히 생각

◆ 讀書(독서)-책을 읽다. 공부를 하다.
◆ 須用心(수용심)-반드시 마음을 써야 한다. 마음을 다해야 한다.
◆ 一字(일자)-한 글자. 한 글자마다.
◆ 値千金(치천금)-천금의 가치가 있다.

하고 함영하여(精思涵泳), 의미를 깊이 이해하도록(深解義趣)" 노력해야 한다는 것이다. 그리고 실천을 강조하여 율곡 선생은 말하기를, 만일에 "입으로 읽기만 할 뿐 마음으로 체득을 하지 않고(口讀而心不體), 몸으로 실천을 하지 않는다면(身不行), 책은 책대로 놀고(書自書), 나는 나대로 놀아서(我自我), 무슨 이로움이 있겠는가?(何益之有)"라고 하였다.

위 본문의 말도 율곡선생의 말과 많은 부분에서 상통하지 않는가? 역시 책을 읽을 때는 한 글자 한 글자가 천금의 가치를 가지고 있다고 생각하고 꼼꼼하게 확인해 가면서 공부를 해야 할 것이다.

104

運去金成鐵 時來鐵成金

운(運) 때가 떠나면 금(金)이 놋쇠로 변하고, 운 때가 오면 놋쇠도 금으로 변한다.

■ 한자의 훈과 음

- 運(돌 운) • 去(갈 거) • 金(쇠 금) • 成(이룰 성) • 鐵(쇠 철)
- 時(때 시) • 來(올 래) • 金(쇠 금)

해설

'운수(運數)'나 '운기(運氣)'라고 말하기도 하는 우리의 '운(運)'은 이미 정해져 있기 때문에 인간의 힘으로는 어찌할 수 없다는 천운(天運)과 기수(氣數)를 말한다고 한다. 이러한 운을 미리 알아보는 것이 '점'이다. 그런데 이 점은 우리에게 희망을 주기도 하지만, 미래를 더 불안하게 하고 걱정하게 하는 경향이 짙은 게 아닌가 생각된다. 그것은 인간 심리가 부정적인 것에 더 무게 중심을 두기 때문이라고 한다. 과학적인 분석이든 운명철학에서 나온 결론이든 어려움에 봉착할 가능성이 있다 했을 때, 그만두고 포기할 것이 아니라 어떻게 준비하고 어떻게 극복해서 뜻한 바, 목적을 이룰 수 있을까 고민하는 자세가 필요할 것이다.

어떤 일이든 미리 부정적인 생각을 가지고 출발한 사람은 방해물이 생기면 먼저 주저앉을 생각부터 하지만, 긍정적인 생각과 극복의 의지를 가지고 출발한 사람은 충분히 이겨낼 수 있을 것이란 생각으로 극복 후의 희망적인 모습을 상상하면서

- ◆ 讀書(독서)-책을 읽다. 공부를 하다.
- ◆ 須用心(수용심)-반드시 마음을 써야 한다. 마음을 다해야 한다.
- ◆ 一字(일자)-한 글자. 한 글자마다.
- ◆ 値千金(치천금)-천금의 가치가 있다.

과감하고 공격적으로 나아가 마침내는 난관을 뚫고 성공을 하고 만다.

운명이라는 것, 그래 있다고 치자. 그러나 미리 운명을 보고 의기소침하지 말고, 그냥 열심히 살다가 인생 막바지에 가서 지난날을 뒤돌아보며 "아 그것이 운명이었구나."라고 평가용으로 활용하는데 가치를 두면 좋겠다.

살다보면 도저히 감당해 낼 수 없어 보이던 역경도, 훗날 지나고 보면 별 것 아니요, 운수대통이라고 생각했던 것도 세월이 지나고 보면 그것이 오히려 불행의 씨앗이 되기도 한다. 바르지 못한 운명관을 가지고 '운수소관'이니 뭐니 하면서 인생을 소극적으로 살기보다는 운명에 도전하여 내 인생은 내가 만들어간다고 생각하고 열심히 인생을 살았으면 좋겠다.

105

自恨枝無葉 莫怨太陽偏

자기를 가려줄 나뭇가지에 잎이 없음을 원망할 일이지, 태양이 기울었다고 원망하지 말라.

■ 한자의 훈과 음

• 自(스스로 자) • 恨(한할 한) • 枝(가지 지) • 無(없을 무) • 葉(잎 엽)
• 莫(말 막) • 怨(원망할 원) • 太(클 태) • 陽(볕 양) • 偏(치우칠 편)

해설

본문은 우리들이 불만과 불행의 원인을 자기 자신에게서 찾지 않고, 밖에서 찾으려는 책임 회피적인 심리를 지적하기 위한 말이다. 서늘한 나무 아래서 쾌적하게 쉬기 위해서는 나무를 잘 가꾸어 무성한 잎으로 그늘을 만드는 일을 먼저 해야 할 것이다. 그런데 나무는 제대로 가꾸지도 않고, 그늘이 생기지 않는 것은 비스듬하게 기운 태양이 햇빛을 비추기 때문이라고 태양에게 그 원망을 돌리고 있다.

이처럼 우리는 종종 본인의 준비가 부족하거나 자신의 능력이 부족하여 외부 환경에 제대로 대처를 못하거나 혹은 소망하는 바에 다가갈 수가 없었을 때, 우리는 곧잘 자신의 준비 소홀이나 노력의 부족을 돌아보기 보다는 이런 저런 구실을 환경이나 타인에게서 찾아 원망의 화살을 밖으로 겨누고자 하는 속성을 보이곤 한다.

물론 여의(如意)치 못했던 모든 결과들을 다 자기 탓으로 돌려서 지나치게 자아를 비하하거나 비판하는 것은 옳지 않을 것이

◆ 恨(한)-원망하다. 탓하다.
◆ 枝無葉(지무엽)-가지에 잎이 없다.
◆ 莫怨(막원)-원망하지 말라. 탓하지 말라. <莫>은 "~하지 말라".
◆ 太陽偏(태양편)-태양이 한 쪽으로 치우치다. 태양이 기울다.

다. 실제로 살다보면 뜻하지 않은 우연적인 돌발 상황이나 혹은 불가항력적인 장애요소들이 많이 있을 수 있기 때문이다. 그렇지만 이런 경우라 할지라도 평소에 책임회피 심리가 강한 사람은 흔히 자기의 운수를 원망하고 세상과 시대를 한탄하는 반면, 책임감이 강하고 긍정적인 사고를 가진 사람은 그 어떤 불원(不願)의 현상 앞에서도 그 일의 선후 관계를 잘 이해하고자 노력한다. 그리고 또 그것을 전화위복의 기회로 삼아 자신에게 유익한 교훈이나 수양의 도구로 활용함으로써 마침내는 더욱 성숙한 인격체로 성장해 가는 기회로 삼기도 한다.

비를 맞을 때, 비가 내리는 것을 원망할 일이 아니라 내가 우산을 준비하지 못했음을 반성하자는 의미다.

106

久住令人賤 富來疏也親

오래 머물면 남에게 천한 대우를 받게 되고, 부유해지면 소원(疏遠)했던 관계도 친해지게 된다.

■ 한자의 훈과 음

- 久(오랠 구) • 住(살 주) • 令(하여금 령) • 人(사람 인) • 賤(천할 천)
- 富(부자 부) • 來(올 래) • 疏(성길 소) • 也(어조사 야) • 親(친할 친)

해설

일정기간 동안 일정 장소에서 머물게 되는 것은 인생에서 불가피한 생활의 한 부분이다. 크게는 이 세상에 태어나 머물게 되는 그것이요, 작게는 가정이라는 자기 울타리 내에서, 혹은 외지나 남의 집에서 머물게 되는 것이 또한 그 중의 하나일 것이다. 그러나 그 머무는 것에도 '가치'와 '향기'의 정도에 따라 평가가 달라지니, 일반적으로 혹자는 꼭 있어야 할 사람으로, 혹자는 있으나 마나 한 사람, 또 혹자는 없으면 좋을 사람으로 구분이 된다.

어느 누구나 다 귀하게 태어난 것인데, 어찌 무슨 이유로 "없으면 좋을 사람"으로 평가를 받을 수 있는가? 십중팔구, 이것은 자신의 이익만을 추구하느라 남에게 피해를 줄 때 이런 평가를 받고 미움을 사게 되는 것이다. 자신의 이익을 위해 사는 것은 당연한 이치지만, 그것도 정도가 있고 또 상대방의 이해를 구해야할 때가 있는 것이다.

- ◆ 久住(구주)-오래 머물다.
- ◆ 令人賤(영인천)-다른 사람에 의해 천해지다. 즉 남에게 천한 대우를 받게 된다는 의미.
- ◆ 富來(부래)-부유해 지다. 부자가 되다. <來>는 운율과 글자 수를 맞추기 위한 글자로 새기지 않음.
- ◆ 疏也親(소야친)-소원함도 친하게 된다.

남의 집에 오래 머물러 있어도 환영받고 대우받는 사람이 있는가 하면, 채 하루도 되지 않았는데 곱지 않은 시선에 홀대를 받는 사람도 있으니, 언제나 상황에 따라 지혜로운 처신이 필요한 것이리라.

본문에서는 부자가 되면 소원했던 관계도 친하게 된다고 하였다. 하지만 자신의 생존을 위해서는 비굴함을 감수하고라도 그럴지 모르나, 결코 아름다운 현상은 아니다. 가진 것이 있든 없든 많든 적든, 사랑과 신뢰가 바탕이 된 인간관계에서 서로가 보고 싶고 챙겨주고 싶은 마음이 전제되었을 때, 우리는 서로가 행복할 수 있게 되고, 그래서 또 아름다운 열매를 맺고 아름다운 향기를 낼 수 있게 되는 것이 아닐까 한다. ≪명심보감≫에서는 "오래 머물면 사람에게 천대를 받고, 왕래가 잦으면 친함도 멀어진다.(久住令人賤, 頻來親也疏.)"고 하였는데, 참고하면 좋겠다.

107

善化不足 惡化有餘

착하게 되기에는 (시간이) 부족하지만, 나쁘게 되기에는 넉넉하다.

■ 한자의 훈과 음

- 善(착할 선) • 化(될 화) • 不(아닐 불) • 足(발 족) • 惡(악할 악)
- 有(있을 유) • 餘(남을 여)

해설

착하게 변화되는 것에는 많은 시간이 필요하지만, 나쁜 방향으로 변화되는 것에는 오랠 것도 필요 없이 잠깐 사이에 나빠질 수 있다는 말이다. 그래서 ≪명심보감≫에도 이와 비슷한 내용으로, "평생토록 선을 행하여도 선은 오히려 부족하고, 하루라도 악을 행하면 악은 자연스레 오히려 너무 많다.(終身行善, 善猶不足, 一日行惡, 惡自猶餘)"라고 하여 '선악'의 가치에 대하여 언급하면서, 좋은 일은 평생토록 실천하고, 나쁜 일은 단 하루라도 행하지 말 것을 강조하고 있다.

사람의 본성을 두고 맹자(孟子)는 성선설을 주장하고, 순자(荀子)는 성악설을 주장하기도 하였지만, 사람이 궁극적으로 추구해야할 삶의 바람직한 목적은 착하게 되어 가는 것이다. 원래 착했다면 그 착함을 유지해 가도록 노력해야 할 것이고, 원래 악했다면 여러 교육과 경험 등을 통하여 그 악한 품성을 버리고 선한 사람이 되도록 노력해야 할 것이다.

누구나 태어나면 성장과정을 통해 늙어가게 마련이다. 그 늙

◆ 善化(선화)-착하게 되다.
◆ 不足(부족)-충분하지 못하다.
◆ 惡化(악화)-나쁘게 되다.
◆ 有餘(유여)-넉넉하게 남음이 있다.

음은 생리적인 성장과 성숙만이 능수가 아니라, 인품의 내면적 아름다움을 잘 가꾸어가는 것이 더욱 중요하다는 사실을 우리는 잘 안다. 인생의 만년에 부럽다싶을 정도의 멋진 육체를 가지고도 사람대접을 받지 못하는 늙은이보다는, 볼품은 없지만 "참 멋지게 늙어간다."는 이야기와 함께 대접받는 늙은이가 되면 좋겠다. 그런 평가와 대접의 중심에는 역시 인생의 '선화(善化)'가 큰 비중을 차지한다.

108

爲善最樂 爲惡難逃

선한 일을 하면 가장 즐겁고, 나쁜 일을 하면 도망치기 어렵다.

■ 한자의 훈과 음

- 爲(할 위) ● 善(착할 선) ● 最(가장 최) ● 樂(즐거울 락) ● 惡(악할 악)
- 難(어려울 난) ● 逃(달아날 도)

해설

부지런한 사람도 게으른 사람도 똑 같이 '고통'과 '행복'이란 두 단어의 의미를 체험하게 된다. 다만 부지런한 사람은 힘든 과정을 통해서 고통을 먼저 맛보고 뒤에 가서 땀의 결실로 만들어진 행복을 맛보게 되는 반면, 게으른 사람은 처음에 편안한 생활로 달콤한 행복을 맛보다가 뒤에 가서 처절한 빈손의 고통을 맛보게 되는 차이점이 있다. 인생의 참다운 지혜를 아는 사람은 인생의 후반을 대비하여 젊었을 때 땀 흘려 일하면서 부지런히 벌고, 미래의 행복을 준비하기 위해 전자의 방식을 택하려는 경우가 일반적이다.

그러나 행복을 위해 부지런히 산다는 것이 결코 마음대로 되는 것은 아니다. 이와 마찬가지로 착한 일을 행하는 것도 역시 쉬운 일은 아니다. 하지만, 쉬운 것이 아니기 때문에 어려움 중에 이루어낸 실천의 열매는 더 없이 달콤하고 힘든 노력 뒤에 맛보는 보람은 더 크기 마련이다.

반대로 악한 일이란 자칫 정신만 놓아도 자기도 모르는 사이

- ◆ 爲善(위선)-좋은 일을 하다. 착한 일을 행하다.
- ◆ 最樂(최락)-가장 즐겁다.
- ◆ 爲惡(위악)-나쁜 일을 하다. 악을 행하다.
- ◆ 難逃(난도)-도망치기 어렵다. 즉 곤경에서 벗어나기 힘들다는 의미.

에 나쁜 길로 빠져서 뒤에 가서는 만회하기 어려운 상황에까지도 이르게 되는 것이다. 그래서 강태공도 우리들의 성공적인 삶을 위하여 "착한 것을 보거든 목이 말랐을 때 물을 보듯이 하고, 악한 것을 듣거든 귀머거리처럼 할 것"이며, "착한 일은 모름지기 탐내고 악한 일은 모름지기 즐겨하지 말라."고 강조하고 있으니, 마음 속 깊이 새겨들을 일이다.

109

善事可作 惡事莫爲

착한 일은 해도 좋지만, 나쁜 일은 하지 말라.

■ 한자의 훈과 음

- 善(착할 선) • 事(일 사) • 可(옳을 가) • 作(지을 작) • 惡(악할 악)
- 莫(말 막) • 爲(할 위)

해설

"착한 일을 하고, 나쁜 일은 하지 말라."는 이 말은 너무나 자주 듣는 말이다. 누구나 다 잘 알고 있는 이 말을 반복하여 상기시키는 이유는, 그럼에도 불구하고 바르게 살지 못하고 반대로 사는 사람들이 적지 않기 때문이다. 아무리 강조를 해도 또 필요한 말이고, 또 반복해서 다짐을 해도 간혹 아름답지 못한 행동을 할 수 있기 때문이다. 그래서 ≪명심보감≫에서도 "착한 일은 아무리 작은 것이라 해도 안 하면 안 되고, 나쁜 일은 아무리 작은 것이라 해도 해서는 안 된다.(勿以善小而不爲, 勿以惡小而爲之)"라고 하였다.

착하게 살고 착한 일을 한다는 것은, 즉 곱고 바른 마음씨를 가지고 입으로 말을 하고 몸으로 실천하는 것이다. 여기서 중요한 것은 착한 일을 실천하는 데는 먼저 곱고 바른 마음씨를 가지고 있어야 한다는 점이다. 간혹 선행의 기사를 보면, 그 선행이 정말 곱고 바른 마음씨에서 발로된 선행이었는지, 아니면 무슨 목적이나 의도를 가지고 억지로 한 선행인지 그 내면이

◆ 善事(선사)-착한 일.
◆ 可作(가작)-~해도 좋다. ~할 수 있다.
◆ 惡事(악사)-나쁜 일.
◆ 莫爲(막위)-~하지 말라. <莫>은 "~말라".

투명하게 보일 때가 많다. 물론 후자와 같은 경우라 할지라도 남에게 도움이 되었다면 좋은 일이겠지만, 역시 중요한 것은 진심이 아닐까 생각한다.

선행이든 악행이든 이러한 일들은 주머니 속의 송곳처럼 언젠가는 숨겨지지 않고 자연히 드러나게 되어 있다. 향기는 영원히 향기로 남게 되고, 악취는 영원히 악취로 남게 된다는 말이다. 그러나 처음에는 향기처럼 다가오던 냄새가 어느날 악취로 변해 버리는 경우도 있으니, 이런 점은 역시 우리가 세상을 살면서 깊이 생각을 해보고 조심할 일이다.

110

順天者存 逆天者亡

하늘에 순응하는 자는 살아남고, 하늘을 거스르는 자는 망한다.

■ 한자의 훈과 음

• 順(순할 순) • 天(하늘 천) • 者(놈 자) • 存(있을 존) • 逆(거스를 역) • 亡(망할 망)

해설

이치란 도리에 맞는 정당한 조리(條理)를 말한다. 세상에는 하늘이 만들어놓은 수많은 이치가 존재한다. 우리는 이 이치를 따라 사는 것을 '순리'라고 말한다. 순리는 우리들의 삶을 순탄하고 편안하게 만들어준다. 그러나 이것에 역행하는 삶을 살 때는 부하(負荷)가 걸리고 부작용이 발생할 가능성이 높다. 그래서 우리가 어떻게 자연의 이치를 잘 따르고, 어떻게 시간의 이치를 잘 받아들이며, 어떻게 인간관계의 이치를 잘 활용하고 순응하느냐에 따라서 인생의 성공여부가 결정된다고 할 수 있다.

봄은 따뜻하고 여름은 더우며 가을은 서늘하고 겨울은 춥다는 것을 우리는 잘 안다. 이것은 하늘이 정해놓은 이치다. 이 이치에 순응하는 자는 건강한 육체를 제대로 유지할 수 있지만, 이 자연의 순환 이치에 역행하면 결국은 건강에 이상이 생기게 된다는 것이다.

시간에도 하늘의 이치가 숨어 있다. 그것은 곧 기다림의 이치이다. 시간적으로 순리에 따른 성장은 건강할 수 있지만, 순리에

◆ 順天者(순천자)-하늘에 순응하는 자. 즉 하늘의 이치에 따라 행하는 자.
◆ 存(존)-남다. 즉 살아남는다는 의미.
◆ 逆天者(역천자)-하늘을 거스르는 자. 즉 하늘의 이치를 거역하는 자.
◆ 亡(망)-망하다. 즉 살아남지 못한다는 의미.

역행하여 때를 기다리지 않고 무리하게 과속성장을 추구했을 때에는 예기치 않던 부작용이 생기기 쉬운 것이다.

인간관계에서도 마찬가지다. 상식적인 이치를 넘어서서 상대방에게 무리한 요구를 하거나 기대를 하는 것은 이상적이고 원만한 관계를 만들어가는 데 큰 장애가 된다. 살다보면, 때로 대인관계에서 자기가 원하는 것이 시간적으로 조금 늦고 금전적으로 조금 손해를 보는 경우도 있다. 하지만 시간이 지나면 순리에 따라 소신 있게 했던 언행은 상대에게 믿음을 주게 되고, 결국에 가서는 하늘이 정한 이치에 따라 보상을 받게 되어 있다. 성공한 자는 인간사의 이치를 잘 발견해 내고 그것에 잘 순응한 사람들이다.

111

善有善報 惡有惡報

좋은 일을 하면 좋은 보답이 있고, 나쁜 일을 하면 나쁜 보응이 있다.

■ 한자의 훈과 음

● 善(착할 선) ● 有(있을 유) ● 報(갚을 보) ● 惡(악할 악)

해설

나쁜 사람이란 곧 '나뿐인' 사람이라고 말하기도 한다. 그렇다면 좋은 사람이란 '나뿐'이 아니라 서로를 위하여 서로에게 유익함을 주는 좋은 사람이라고 말할 수 있을 것이다.

실제로 좋은 일이란 남에게 도움이 되어서도 좋은 일이지만, 나 자신에게도 좋은 영향을 미치기 때문에, 설령 자신의 어떤 선행에 대하여 아무런 보답을 받지 못했다 할지라도 그것으로 인하여 내가 이미 기분이 좋아졌고, 내 영혼이 살찌게 되었다면 그것으로도 충분한 보답이 되었다고 할 수 있다. 선행을 행할 때도 여러 형태가 있겠지만 무슨 보답이나 반대급부를 노리고 하는 경우는 그렇게 많지 않을 것으로 본다.

물론 착한 일을 했는데 그에 대한 아무런 이익도 없고 돌아오는 보람도 없었을 때 허탈감이 생기고 또 그런 일을 할 필요가 있겠나 싶은 생각이 드는 경우도 있을 수 있다. 하지만 하늘의 이치상, 착한 일을 한 자에게는 사람이 못해주면 분명히 하늘이 복으로 갚아주게 되어 있고, 혹시 그 당대에 자신이 복을 받지 못했다면 후대에 자손들이 대신 복을 받게 될 것이라고 확신을

◆ 善(선)-착한 일을 하다.
◆ 有善報(유선보)-좋은 보답이 있다.
◆ 惡(악)-나쁜 일을 하다.
◆ 有惡報(유악보)-나쁜 보응이 있다.

한다.

그러나 사마천(司馬遷)이 ≪사기(史記)≫에서 "죄 없는 사람을 죽이고 평생 도둑질로 살던 포악한 도적은 호의호식하며 천수를 누리다 죽었지만, 인덕을 쌓고 행실이 고결했던 백이와 숙제는 굶어 죽고 말았다. 대체 하늘은 정의롭다 할 수 있는가?"라고 말한 것처럼 이 세상에는 하늘의 이치가 전도된 듯한 현상도 더러 있기도 하다. 그래서 사마천도 이렇게 공의롭지 못한 하늘의 존재에 대해 불만 내지는 의구심을 표현한 것이다.

하지만, 살아있어도 죽은 자와 마찬가지인 사람이 있고, 죽었어도 살아있는 자가 있으니, 호의호식하면서 천수를 누리는 악의 화신이 되느니보다는, 선의 화신으로 평범한 삶을 사는 것에 더 큰 가치를 두는 우리가 되면 좋겠다.

112

不是不報 日子未到

보응을 하지 않는 것이 아니라, 때가 아직 오지 않은 것이다.

한자의 훈과 음

- 不(아닐 불) • 是(옳을 시) • 報(갚을 보) • 日(해 일) • 子(아들 자)
- 未(아닐 미) • 到(이를 도)

해설

본문은 앞글에 연결된 말이다. 즉, 착한 일을 했든 나쁜 일을 했든 그에 상응한 반응이 있어야 할 텐데 아무런 이익이나 손해가 보이지 않을 때, 이것을 이상하게 생각하거나 가치관의 혼란을 보일 필요는 없다는 말이다. 왜냐하면 그 반응의 때가 빨리 올 수도 있지만 아주 늦게 올 수도 있기 때문이라는 것이다. 보이지 않는 반응에 대하여 ≪채근담≫에서는 "착한 일을 했으나 그 이익이 보이지 않음은 마치 풀 속의 동과(東瓜)와 같아서 모르는 사이에 저절로 자라나며, 나쁜 일을 하고 그 손해가 보이지 않음은 마치 뜰 앞의 봄눈과 같아서 깨닫지 못하는 사이에 녹게 된다.(爲善, 不見其益, 如草裡東瓜, 自應暗長, 爲惡 不見其損 如庭前春雪 當必潛消.)"고 적고 있다.

어떤 결과가 확연하게 보여서 확인되는 것보다 아무도 깨닫지 못하는 사이에 서서히 나타나는 것이 더 무서운 것이다. 특히 악행 뒤의 후과(後果)가 그렇다. 그 후과가 곧 바로 나타난다면 나쁜 짓을 한 사람은 또 그것을 무마시키기 위한 일련의 조치를

- ◆ 不是(부시)-~이 아니다.
- ◆ 不報(불보)-보답이나 보응을 하지 않다.
- ◆ 日子(일자)-날짜. 때.
- ◆ 未到(미도)-아직 오지 않다. 아직 이르지 않다.

취하게 될 것이고, 이 조치는 제1차 악행에 이어 제2차 제3차 악행을 낳게 될 것이다. 그러나 모르는 사이에 서서히 결과가 다가올 때는 손을 쓸 틈도 없이 무너지고 말기 때문에 무섭다 하는 것이다.

어쨌든, 채근담에서의 말처럼 뜰 앞의 봄눈이 모르는 사이에 완전히 녹아서 사라지는 것과 같이, 악행으로 얻었던 잠시의 이익은 모조리 사라지게 될 것이고 결국에 가서는 반드시 그에 대한 대가(代價)를 치르고 말 것이다.

113

得忍且忍 得耐且耐

참고 또 참아야 하며, 견디고 또 견디어야 한다.

■ 한자의 훈과 음

• 得(얻을 득) • 忍(참을 인) • 且(또 차) • 耐(견딜 내)

해설

성공도 그렇고 건강도 그렇다. 그냥 어느 순간에 갑자기 쉽게 오는 것이 아니라, 노력과 인내를 통해 서서히 만들어지는 것이다.

어떤 일을 이루고자 결심하였다면, 그것을 이루기 위한 피와 땀을 흘리는 노력이 선행되어야 한다. 세상에는 그냥 얻어지는 것이 없기 때문이다.

성공을 이루어가는 과정에는 분명 어려움이 따르고 장애물이 있을 것이다. 중간 중간 좌절도 있고 실패도 있을 수 있다. 그렇지만 그것은 과정에서 피할 수 없는 요소라 생각하고 넘어졌다 싶으면 다시 몸을 추슬러 일어나는 것이 중요하다. 인생은 실패할 때 끝나는 것이 아니라 포기할 때 끝나는 것이라 했다. 마음만 먹으면 고칠 수 없는 습관이 없고, 극복하지 못할 어려움이 없다고 본다. 그래서 사람의 결심이 무서운 것이리다.

인내는 기다림의 가장 좋은 스승이다. 인내는 그냥 편안하게 아무렇게나 올 결과를 기다리고 있는 것이 아니라, 어떤 고통이나 어려움을 감내하면서 좋은 결과를 상정해 놓고 기다리는

◆ 得忍(득인)-참아야만 한다. <得>은 "~해야만 하다".
◆ 且忍(차인)-또 참다. <且>는 "또, 그리고".
◆ 得耐(득내)-견뎌내야만 하다.

것이다. 그래서 인내라는 말 속에는 희망이 담겨 있다. 푸쉬킨도 이렇게 노래했다. "설움의 날 참고 견디면 머지않아 기쁨이 오리니, 현재는 언제나 슬프고 마음은 미래에 사는 것, 모든 것은 순간이고 그리고 지나간 것은 항상 그리워지는 것."이라고.

살다보면 지금보다 더 큰 어려움이 있을까싶을 정도로 감당하기 힘든 일도 있지만 지나고 보면 참으로 별 것 아니었구나 싶은 그런 생각이 들 때도 많다. 무슨 일이든 아름다울 결과를 머릿속으로 그리면서 항상 적극적이고 긍정적인 생각으로 인내하는 우리들이 되면 좋겠다.

114

不忍不耐 把事弄壞

참지 않고 견디지 않으면, 일을 망치고 만다.

■ 한자의 훈과 음

• 不(아닐 불) • 忍(참을 인) • 耐(견딜 내) • 把(잡을 파) • 事(일 사)
• 弄(희롱할 롱) • 壞(무너질 괴)

해설

술은 일정 기간이 지나야 제대로 익고, 열매는 꽃이 떨어지고 성숙 단계를 지난 뒤라야 달콤하게 익게 된다. 이처럼 모든 일에도 순서가 있고 결과가 나오는 데에는 시간이 필요하다. 이런 이치에서 맹자(孟子)가 예로 든 '조장(助長)'에 관한 이야기는 우리에게 큰 교훈을 준다.

결론부터 말하자면, 무슨 일이든 기다릴 줄 알고 인내할 줄 알아야 하는데, 너무 서둘러서 무리하게 조장을 하면 안 된다는 말이다. 이야기는 이러하다.

송(宋)나라의 어떤 농부가 논에 심어 놓은 모가 좀처럼 자라지 않자, 그 성장을 도와준다고 궁리 끝에 손으로 모를 하나씩 뽑아서 늘여주었다는 이야기다. 이것을 '조장(助長)'이라 하는데, 이것은 말도 안 되는 이야기인줄 삼척동자라도 다 안다. 그러나 세상에는 기다림의 이치를 몰라서, 인내 후의 그 놀라운 열매를 몰라서 일을 서두르다가 마침내는 일을 망치고 마는 그런 일이 비일비재하니, 삼척동자보다 못한 우리의 모습에 반성이 되는

◆ 不忍(불인)-참지 않다.
◆ 不耐(불내)-견디지 않다.
◆ 把事(파사)-일을. <把>는 "~을".
◆ 弄壞(농괴)-망치다. 실패하다. <弄>은 "다루다, 하다". <壞>는 "망가뜨리다".

때가 많다.

인내는 그냥 어떤 일의 경과만을 보면서 시간만 보내는 것이 아니라, "참지 못할 것을 참아가며" 그 결과를 기다리는 것이다. 그래서 "인내는 쓰고 그 열매는 달다."고 한 것이다. 공자도 "모든 행위의 근본은 참는 것 외에 으뜸가는 것이 없다."고 하여 인내를 강조하고 있다.

115

人爲財死 鳥爲食亡

사람은 재물 때문에 죽고, 새는 먹이 때문에 목숨을 잃는다.

■ 한자의 훈과 음

- 人(사람 인) • 爲(할 위) • 財(재물 재) • 死(죽을 사) • 鳥(새 조)
- 食(밥 식) • 亡(망할 망)

해설

사람은 재물 없이 살 수가 없고, 새는 먹이 없이 살 수가 없다. 사람과 새에게 재물과 먹이는 생존에 꼭 필요한 요소다. 그럼에도 이것 때문에 죽는다는 말은 어쩐지 앞뒤가 맞지 않는 것 같다. 하지만 이 말이 강조하고자 하는 것은 이것 때문에 죽게 된다는 것이 아니라, 너무 많은 재물을 탐하고 너무 맛있는 음식을 포식하려고 과욕을 부리게 되면 이것으로 인하여 목숨을 잃게 되니 이런 비극이 초래되지 않도록 경계하라는 말이다.

우리가 일반적이고 평범한 사람이라면 거의 모두가 '오욕(五欲)'을 무시하고 살지는 못할 것이다. 오욕이란, 먹는 것에 대한 식욕(食欲), 이성을 그리는 색욕(色欲), 부자가 되고자 하는 재욕(財欲), 잠을 자고자 하는 수욕(睡欲), 이름을 날리고 싶은 명욕(名欲)을 말하는데, 이 중 그 어떤 것이 필요 없다고 버릴 수 있겠는가? 그러나 역시 강조되는 것은 이러한 욕구도 정도껏 추구해야 한다는 것이다.

누군가는 오욕이 지나치면 '오복(五福)'을 누리기 힘들게 된다고 하였다. 오복이란 무엇인가? 오래 사는 '수(壽)', 부자로

◆ 爲財死(위재사)-재물 때문에 죽다. <爲>는 "~때문에, ~을 위하여".
◆ 亡(망)-죽다, 없어지다.

사는 '부(富)', 심신이 건강하고 편한 '강녕(康寧)', 덕을 즐겨 행하는 '유호덕(攸好德)', 명까지 사는 '고종명(考終命)'이 이것이다. 경우에 따라서는 '유호덕'과 '고종명' 대신에 '귀(貴)'와 '자손중다(子孫衆多)'를 꼽기도 하는데, 유교에서 말하는 이 다섯 가지 복 중에서 우리가 빼고 싶은 것이 무엇이 있는가? 역시 다섯 가지 모든 복을 다 누리고 싶은 것이 우리 인간들의 거의 공통된 바람일 것이다.

어쨌든 과욕은 오복을 해치는 가장 대표적인 적이 될 것이요, 그 정도가 또 너무 도를 넘어버리면 마침내 목숨까지 잃게 된다는 사실을 우리는 명심할 일이다.

116

殺人一萬 自損三千

다른 사람 만 명을 죽이려면, 자기도 삼천 명은 잃는다.

■ 한자의 훈과 음

• 殺(죽일 살) • 人(사람 인) • 一(한 일) • 萬(일만 만) • 自(스스로 자)
• 損(덜 손) • 三(석 삼) • 千(일천 천)

해설

내 자신이 당사자가 아니라 할지라도, 좋은 일이 있는 곳에 함께 서 있으면 그 경사의 여파가 나에게 돌아와 행복하고, 좋지 못한 일이 벌어지는 현장에 휩싸여 있으면 원하지도 않던 여파나 불똥이 나에게로 돌아와 기분이 상하게 되는 경우가 더러 있다.

그런데 하물며 전쟁이나 싸움을 하는데 있어서 내가 당사자가 되었을 때는 아무리 막강한 힘과 지략을 가지고 있다 할지라도, 그리고 대결에서 아주 수월하게 승리를 하였다 할지라도 일정 부분 잃게 되는 것이 있으니, 이것은 피할 수 없는 싸움의 본질이요 속성이 아닐까 한다. 그러니 규모가 크든 작든, 국가 간이든 개인 간이든 싸움을 할 때는 이것을 감수해야 한다는 것이 본문의 요지다.

싸움이란 처음부터 안 하는 것이 가장 좋고, 다툼이 생길 것 같으면 최대한 지혜를 동원하여 충돌을 피하고자 노력하는 것이 가장 좋을 것이다. 그러나 인간의 역사를 보면 이러한 이성적인 바람은 그저 희망사항일 뿐이다. 언제나 전쟁이 있었고 분쟁이

◆ 殺人(살인)-사람을 죽이다.
◆ 自損(자손)-스스로 손해를 보다. 즉 자신도 손상을 입는다는 뜻.

끊이지 않았으며, 그 결과는 처참하였다.

남에게 많은 손해를 끼치려면 자기 자신도 적지 않은 손해를 보아야 한다는 본문의 논리를 역설적으로 말한다면, 남에게 많은 유익함을 주고 은혜를 베푼다면 자기 자신에게도 적지 않은 유익함이 돌아올 것이라는 말이 될 것이다.

117

人生一世 草生一春

사람은 태어나서 한 시대를 살고, 풀은 태어나서 봄 한철을 산다.

■ 한자의 훈과 음

• 人(사람 인) • 生(날 생) • 一(한 일) • 世(인간 세) • 草(풀 초)
• 春(봄 춘)

해설

생명을 가진 우리들에게 일생이 있듯, 한낱 무명에 지나지 않는 풀 한 포기에도 역시 그들 나름의 일생이 있다. 생존 기간이 길든 짧든 또 그것이 무엇이든, 살아있는 생명체는 각기 귀한 생명의 가치를 가지며, 이것들은 예외 없이 일생을 마감하기까지 성장과 쇠로(衰老)의 역정을 거친다.

그러나 길다고 하면 길고 짧다고 하면 짧다고 할 수 있는 삶의 역정 속에서도 가장 중요하거나 혹은 가장 화려한 황금시기는 결코 길지 않은 '한 때' 잠시라는 것이 본문의 요지다. 따라서 우리는 그 중요한 한 시기의 가치와 의미를 잘 파악하고, 더욱 의미 있는 생애를 위해서는 조금이라도 젊었을 때 더 큰 열정과 노력으로 살아야 한다는 행간의 뜻을 찾아볼 수 있다.

물론 가장 아름답고 찬란한 최고의 절정기는 사람마다 다르고 상황마다 다를 수 있다. 조금 일찍 꽃을 피운 사람도 있지만, 또 좀 늦게 꿈을 완성한 사람도 있을 수 있고, 또 황금기를 좀 길게 유지하는 사람도 있는가 하면 잠시 한 때 반짝하고 끝내는

◆ 人生(인생)-사람이 태어나다.
◆ 一世(일세)-한 시대나 한 세대.
◆ 草生(초생)-풀이 나다.
◆ 一春(일춘)-봄 한철.

경우도 있다. 그러나 중요한 것은 누구에게나 '한 때'였던 이 시기가 인생 만년에 지난날을 추억하며 살아갈 때, 항상 기쁨이 되고 보람이 되는 그런 '한 때'가 되어야 할 것이다.

본문을 바람직하지 못한 방향으로 생각하여, 인생에서 놀고 즐길 수 있는 시절도 한 순간이니 마음껏 놀고 즐겨야 한다는 식으로 이해한다면 한 개인이나 가정이나, 나아가 그 나라의 장래에는 아무런 희망이 없을 것이다.

118

兄弟相害 不如路人

형제간에 서로 해를 끼치면, 길가는 나그네만도 못하다.

■ 한자의 훈과 음

• 兄(맏 형) • 弟(아우 제) • 相(서로 상) • 害(해칠 해) • 不(아닐 불)
• 如(같을 여) • 路(길 로) • 人(사람 인)

해설

"형제는 수족과 같다.(兄弟爲手足)"는 말이 있다. 이는 부모로부터 같은 피를 나눈 형제는 손발과 같은 것이라서 한 번 잃으면 다시 얻을 수 없다는 뜻이다. 그렇기 때문에 형제간에는 서로 깊은 사랑과 이해의 마음을 가지고 우애 있게 지내야 하는 것이다.

그렇다. 평소에 생각의 차이나 주장 때문에 서로 다투기도 하고 미워하기도 하지만, 형제는 역시 영원히 우애있게 지내는 형제가 되어야 한다. 그것이 형제간의 도리이고, 또 부모님을 기쁘게 해드릴 수 있는 효도이기도 하다.

그러나 형제가 서로 독립하여 각자의 삶을 영위해 가는 도중에서, 복잡한 이해관계 때문에 형제가 서로 반목질시하게 되는 경우도 있다. 경우에 따라서는 도를 넘어 법정에까지 가서 형제간에 서로 혈전을 벌이는 일이 발생하기도 한다. 그러지 않도록 서로 노력할 일이다.

가죽을 갉아 먹는 좀이 가죽에서 생긴다는 말로, "갖에서 좀 난다."는 속담이 있다. 이 말은 화근이 다른 데 있는 것이 아니라

◆ 相害(상해)-서로 해를 끼치다. 서로 방해하다.
◆ 不如路人(불여로인)-길을 가는 사람만도 못하다. <不如>는 "~만 못하다". <路人>은 "길을 가는 사람, 나그네".

그 자체에 있음을 비유한 말이다. 이 말은 또 형제간이나 같은 동류(同類)끼리 서로 싸우게 되면 양편에 모두 해로울 뿐이라는 뜻을 나타내기도 한다. 서로 이해하고 도우면서 살아가야할 형제가 걸림돌이 되고 방해꾼이 되고 나아가 원수보다 더한 적이 된다면 서로 공멸할 수밖에 없는 점을 강조하고 있는 것이다.

우리말 중에 '디딤돌'과 '걸림돌'이라는 말이 있다. 꼭 같은 돌인데, 전자는 사람에게 유익함을 주는 돌을, 후자는 해를 끼치는 돌을 지칭한다. 살다보면 생면부지의 과객이 나에게 디딤돌과 같은 사람이 되어주기도 하는데, 하물며 한 골육의 형제가 나에게 걸림돌과 같은 사람이 되었을 때 어떤 생각이 들겠는가? 내 형제가 나에게 걸림돌이 되지 않기를 바라듯 나도 내 형제들에게 걸림돌이 되지 않도록 더욱 노력할 일이다.

119

龍生龍子 虎生豹兒

용은 용의 새끼를 낳고, 호랑이는 호랑이 새끼를 낳는다.

■ 한자의 훈과 음

• 龍(용 룡) • 生(날 생) • 子(아들 자) • 虎(범 호) • 豹(표범 표)
• 兒(아이 아)

해설

세상에는 참 많은 사람들이 살고 있다. 그래서 어디를 가나 다양한 사람들을 대할 수 있다. 그러나 그 많은 사람들 중에 꼭 같이 생긴 사람은 단 한 사람도 없다. 현재 지구에 살고 있는 60억 인구들 중에 비슷할지는 몰라도 같은 사람은 한 쌍도 없으며, 역사상의 모든 인물들을 다 통틀어도 결과는 역시 마찬가지라는 것을 우리는 잘 안다. 참으로 창조주의 능력에 감탄할 뿐이다.

그런 중에서도 또 부모를 꼭 빼닮은 자식을 보면 감탄이 나오지 않을 수가 없다. 어쩌면 저렇게 닮을 수가 있을까 싶다. 외양은 물론이고 말투나 행동도 완전 판박이와 같아서 아무리 관계를 속이려고 해도 속일 수가 없는 그런 경우가 참 많다. 그래서 "종자는 속일 수가 없다."고 하는 말이 있게 된 것이다. 이러한 이치는 같은 부류의 '종(種)'의 세계에서도 공히 적용되는 말이 아닌가 한다.

생물학적인 차원에서 동일한 품종이나 갈래가 동일한 유전적 계통을 유지하면서 계승이 되는 것은 그렇다 하더라도, 이와

◆ 龍子(용자)-용의 새끼.
◆ 豹兒(표아)-표범의 새끼.

비슷한 현상을 또 우리들의 사회생활 속에서도 찾아볼 수가 있으니 교육의 현장이 곧 그러하다.

옛말에 "강한 장수 밑에는 약한 군사가 없다."라는 말이 있는데, 훌륭한 지도자의 지도력과 그 중요성을 강조하기 위한 말이다. 이처럼 교육의 현장에도 '종(種)'의 유전적 혈통이 만들어지고 있으니, 우리가 처한 사회 곳곳에 훌륭한 지도자 훌륭한 스승이 많았으면 좋겠다.

훌륭한 부모를 만나는 것도, 유능한 지도자나 스승을 만나는 것도 어쩌면 운명적인 것일지 모른다. 이런 운 좋은 사람이 된다면 얼마나 좋을까 싶다.

그러나 본문의 내용과는 다소 배치가 되기는 하지만, 그렇지 못한 부모나 지도자를 만났다고 하여 내 운명이 탐스런 꽃을 못 피울 이유는 하나도 없다. 역사 속에는 최악의 환경 속에서도 찬란한 불꽃을 피워낸 적지 않은 위인들이 이것을 증명해 주고 있기 때문이다.

120

人貧不語 水平不流

사람이 가난해지면 말을 하지 못하고, 물은 평평해지면 흐르지를 못한다.

■ 한자의 훈과 음

• 人(사람 인) • 貧(가난할 빈) • 不(아닐 불) • 語(말씀 어) • 水(물 수)
• 平(평평할 평) • 流(흐를 류)

해설

사람에게 가난은 죄가 아니라 하였다. 그러나 이 가난은 언제나 우리 인간들의 삶의 영역을 너무나 가혹하게 제한하는 경우가 많으니 참으로 안타까운 일이다.

가난한 사람들 중에는 때로 당당한 일 앞에서도 주눅이 들어 제대로 어깨를 펴지 못하는 그런 사람을 종종 볼 수 있다. 그렇지만 재력을 가진 사람들의 양태는 완전히 다르다. 모르는 것에 대해서도 너무나 도도하게 아는 척 하기도 하고, 부끄러운 일 앞에서도 너무나 뻔뻔스러운 모습을 보이기도 한다. 물론 재력가라고 해서 다 그런 것은 아니지만, 그 재력이 모든 면에 자신감을 심어주고 당당해질 수 있는 배경이 되어주는 것만은 사실인 것 같다.

가진 것이 많으나 적으나, 권력이 있거나 없거나 모든 일에 당당하고 분명한 태도를 보여도 아무런 해를 당할 염려가 없는 곳은 참으로 좋은 사회요, 좋은 나라라 할 것이다. 우리 모두가 사는 이 땅이 다 이랬으면 좋겠다.

◆ 人貧(인빈)-사람이 가난하다.
◆ 不語(불어)-말을 하지 않다. 말을 하지 못하다.
◆ 水平(수평)-물이 평평하다. 물이 수평을 이루다.
◆ 不流(불류)-흐르지 않다.

물은 정직하다고 우리는 말한다. 기울게 하면 반드시 흐르고 평평하게 하면 반드시 머물러 있기 때문에 이런 말을 하는 것이리라. 그러면서도 물은 또 유연함을 가졌다고 말하기도 한다. 어떤 환경에 처하든 그 처소에 영향을 받지 않고 모난 곳에 처하면 모난 대로, 둥근 곳에 처하면 둥근 대로 채워지기에 이렇게 말하는 것이리라. 인간의 필요에 따라 여러 모양으로 적절히 비유되는 물의 본질이 어쩐지 혼란스럽기만 하다.

어쨌든 본문을 통해 한 번 생각해 보고 싶다. 말을 하고 싶어도 가난이란 멍에 때문에 감히 입을 열기 두려운 사회, 콸콸콸 흘러가고 싶어도 평지라는 환경 때문에 머물러 있을 수밖에 없는 안타까운 물의 신세를 느끼지 않고 살 수 있는 우리가 된다면 참으로 행복할 것이라고.

121

出家如初 成佛有餘

출가를 했을 때는 초심(初心)대로 하고, 성불을 하고 나서는 좀 여유를 가져도 좋다.

■ 한자의 훈과 음

- 出(날 출) • 家(집 가) • 如(같을 여) • 初(처음 초) • 成(이룰 성)
- 佛(부처 불) • 有(있을 유) • 餘(남을 여)

해설

사람이란 누구나 처음에 마음먹었던 대로 변함없이 일관되게 살아가기란 참으로 쉽지가 않은 것 같다. 그래서 '작심삼일(作心三日)'이니 '조개모변(朝改暮變)'이란 말이 생겨나지 않았겠는가? 모두가 다 "마음먹은 결심이 얼마 되지 않아 흐지부지 된다."는 의미를 나타내고 있다.

'출가(出家)'는 일반인들의 평범한 결심과는 또 다른 차원의 선택이다. 즉 세속적인 삶을 버리고 일반인들과는 구별된 삶을 살기로 결심하여 실천에 옮기는 것이 출가다. 그러나 출가를 하기까지는 남다른 각오와 과단성이 있어야 가능한 것이지만, 이 역시도 마음이 약한 사람은 중도에 포기하는 경우가 많으니, 확실히 수행의 길을 택하기로 결심했다면 그 초심이 변하지 않도록 인내할 것을 본문은 강조하고 있다. 그러다가 뜻을 이루고 나서는 생각의 폭도 넓어지고, 속세에 대한 연연함이나 후회

- ◆ 出家(출가)-출가하다. 즉 번뇌에 얽매인 세속의 인연을 버리고 성자(聖者)의 수행 생활로 들어감을 말함.
- ◆ 如初(여초)-처음과 같다. 즉 처음에 결심한 초심(初心)대로 하다.
- ◆ 成佛(성불)-성불하다. 즉 보살이 자리(自利)와 이타(利他)의 덕을 완성하여 궁극적인 깨달음의 경지를 실현하는 것을 말함.
- ◆ 有餘(유여)-넉넉함. 남음이 있음. 즉 여유를 가질 수 있다는 의미.

도 없어지게 되어 여유를 가질 수 있게 될 것이라는 말이다.

성불이라는 말은 쉽게 할 수 있을지 모르나, 그 길에 대한 선택으로부터 또 수행에 수반되는 각종 고통을 감내하여 성불의 단계까지 이르기 위해서는 인간의 오만가지 간사함과 연약함이 극복되어야 가능한 일일 것이다. 쉬운 일이 아니기에 성불을 위한 구도자들의 추구가 높이 평가되는 것이다.

122

在家由父 出嫁從夫

집에 있을 때는 아버지를 따르고, 시집을 가서는 남편을 따른다.

■ 한자의 훈과 음

• 在(있을 재) • 家(집 가) • 由(말미암을 유) • 父(아비 부) • 出(날 출)
• 嫁(시집갈 가) • 從(좇을 종) • 夫(지아비 부)

해설

아녀자가 시집을 가기 전까지 아버지 슬하에 있을 때는 아버지의 뜻을 따라 살고, 시집을 가서는 남편을 의지하면서 그를 따라 살아야 한다는 말이다.

이는 ≪의례(儀禮)≫에서 이야기하고 있는 '삼종지의(三從之義)'의 전자(前者) 둘을 이야기한 것이다. 마지막 하나는 "남편이 죽으면 자식을 따라야한다."는 '부사종자(夫死從子)'가 곧 이것이다.

봉건시대 때에는 위와 같은 아녀자의 '삼종(三從)'이 반드시 지켜져야 하는 미덕(美德)으로 간주되었고, 그 이후에도 이런 사상에 근거하여 '삼종의탁(三從依託)'이니 '삼종지덕(三從之德)'이니 하는 비슷한 표현들을 써가면서 여성의 삶을 구속해 왔다. 이에 더하여 당시 여성들은 '칠거지악(七去之惡)'이란 악습까지 짊어지고 살아가야 했으니, 제대로 숨이라도 쉬면서 살 수 있었겠는가 싶다.

삼종지도(三從之道)에 대한 ≪의례(儀禮)≫의 원문은 다음과

◆ 在家(재가)-집에 있다. 즉 시집을 가기 전까지 아버지 슬하에 있음을 말함.
◆ 由父(유부)-아버지로 말미암다. 즉 아버지의 말을 따라야한다는 의미.
◆ 出嫁(출가)-시집을 가다.
◆ 從夫(종부)-남편을 따르다. 즉 남편의 말을 들어야한다는 의미.

같다. "부인에게 세 가지 따라야 할 의(義)가 있으니 함부로 행동해서는 아니 된다. 아직 시집을 가기 전에는 아버지를 따르고 이미 시집을 갔으면 남편을 따르고 남편이 죽었으면 아들을 따라야 한다.(婦人有三從之義, 無專用之道, 故未嫁從父, 旣嫁從夫, 夫死從子.)"는 것이다. 이 ≪의례(儀禮)≫라는 책은 관혼상제를 비롯한 중국 고대 사회의 각종 의식을 자세하게 기록한 경서(經書)이다. 주공(周公)이 지었다고 하지만, 그 이후 춘추전국 시대에 만들어진 것으로 보기도 한다. 원래는 57편이었으나 지금은 17편만 전해지고 있다.

123

一日夫妻 百世姻緣

하루살이 부부라고 할지라도, 백대(百代)의 인연에 따른 것이다.

■ 한자의 훈과 음

- 一(한 일) • 日(해 일) • 夫(지아비 부) • 妻(아내 처) • 百(일백 백)
- 世(인간 세) • 姻(혼인 인) • 緣(가선 연)

해설

그냥 일반적으로 사람들 사이에서 맺어지는 관계는 '인연(因緣)'이라 하고, 부부간에 맺어지는 관계는 '인연(姻緣)'이라고 한다. 사람이 성년기에 접어들면서 행복의 절반은 바로 좋은 부부의 인연(姻緣)에서 비롯된다고 할 수 있다. 아니 절반이 아니라 거의 전부가 이것에 기인한다고 해도 과언이 아닐 것이다. 그것은 부부로 살면서 희로애락을 같이하게 되고, 그 과정을 통해 서로에게 부족한 것은 서로가 보충해 주고, 어렵고 힘든 일이나 슬픈 일이 있으면 서로가 의지하면서 힘이 될 수 있는 관계가 바로 영원한 반려자 '부부'이기 때문이다. 그러나 또 서로가 만나지 않았더라면 더욱 좋았을 듯 싶은 악연의 '인연(姻緣)'은 참으로 안타까운 일이 아닐 수 없다.

본문은 이렇든 저렇든 하루 동안만의 부부관계라 할지라도 이것은 대단한 연분이 있어 만난 것이기 때문에 서로에게 감사하며 그 관계를 잘 유지해야 한다는 속뜻을 가지고 있다.

오늘날의 청춘 남녀들은 너무 쉽게 만났다가 또 너무나 쉽게 헤어지는 경향이 많다. 좋지 못한 현상이 아닐 수 없다. 결혼을

◆ 一日夫妻(일일부처)-하루 부부. 즉 단지 하루 동안만 부부가 된 관계.
◆ 百世(백세)-백대(百代). 오랜 세월을 가리킴.
◆ 姻緣(인연)-혼인의 연분. 부부의 인연.

하기 전에 심사숙고하고, 평생을 함께 해도 후회되지 않을 것이란 확신이 생겼을 때는 과감하게 인연(姻緣)을 맺을 것이지만, 결혼 후에 살면서 서로 부딪치게 되는 충돌은 서로가 조금씩 양보하고 이해하면서 그 불편한 순간을 잘 극복하려는 노력이 반드시 필요하다. 잠깐 동안의 갈등을 극복한 뒤에는 분명히 만년(晚年)의 행복이 기다리고 있다는 사실을 우리는 잘 알아야 할 것이다. 사이좋은 부부로 아름다운 만년을 지내고 있는 노부부들도 대부분은 다 한 때 풍상을 겪었던 사람들이다.

모든 것은 한 때 한 순간이요, 그 한 순간이 우리의 인생을 좌우한다.

124

養兒防老 積穀防饑

자식을 양육함은 늙음을 방비하는 것이고, 곡식을 쌓아둠은 배고플 때를 대비하는 것이다.

■ 한자의 훈과 음

- 養(기를 양) • 兒(아이 아) • 防(둑 방) • 老(늙은이 로) • 積(쌓을 적)
- 穀(곡식 곡) • 饑(주릴 기)

해설

자식을 잘 키워두면, 부모가 연로하여 기력이 없거나 스스로 생활을 할 수 있는 능력이 없어졌을 때 살아갈 걱정을 할 필요가 없다는 말이다. 그리고 평소에 가지고 있던 곡식을 아무렇게나 낭비하지 않고 조금씩 절약하여 모아 두면 배고픔과 어려움을 겪지 않을 수 있다는 말이다.

본문의 말에서 자식을 키우는 목적을 잘못 이해하면 곤란하다. 자식을 잘 키우고 교육시키는 목적은 부모의 만년을 편하게 지내기 위함이 아니다. 육아(育兒)는 자식에 대한 부모의 당연한 도리로, 보상을 초월한 인간의 기본적인 의무인 것이다. 그리고 자식에게 있어서 연로한 부모란 아무런 조건 없이 봉양을 해야 할 대상인 것이다. 평생 자신을 위해 온갖 정성과 사랑을 쏟으면서 노심초사한 부모에게 인륜의 근본인 효도를 할 줄 모른다면 이는 사람이 아닌 것이다.

만년에 자식들 덕분에 편안한 노후를 보낼 수 있는 노인은 역시 최고의 '보험'을 들어놓은 것과 다름없다. 그러나 일반적인

◆ 養兒(양아)-아이를 기르다. 즉 자식을 양육하다는 의미.
◆ 防老(방로)-늙음을 방비하다. 즉 늙어서 힘이 없을 때를 대비한다는 의미.
◆ 積穀(적곡)-곡식을 쌓다. 먹을 것을 마련해 놓는다는 의미.
◆ 防饑(방기)-배고픔을 막다. 즉 배가 고플 때를 대비한다는 의미.

보험이 특별한 목적을 가지고 준비한 것이라 한다면, 양육으로 얻게 된 '보험'은 해야 할 일을 했을 뿐인데 자연스럽게 덕을 보게 되는 그런 숭고한 보험이라 할 수 있다.

양식이나 돈은 있을 때 절약하는 것이 중요하다. 있을 때는 귀한 줄을 모르지만, 궁하면 절실한 것이 양식과 돈이다. 물론 돈만 있으면 많은 것이 해결될 수도 있지만, 품귀 현상이 심할 때는 돈을 주고도 살 수 없는 경우도 있을 수 있다. 소비(消費)와 낭비(浪費)는 둘 다 무엇인가를 '쓰는 것'이지만 차원이 다르다. 꼭 필요한 경우에는 당연히 소비를 해야 하지만, 필요하지 않은 것에 낭비하는 생활 습관은 생활을 궁핍하게 만들고 정신을 부패시키게 된다.

125

養子不孝 不如養驢

아들을 길렀는데 효도를 하지 않으면, 당나귀를 기르는 것만 못하다.

■ 한자의 훈과 음

• 養(기를 양) • 子(아들 자) • 不(아닐 불) • 孝(효도 효) • 如(같을 여) • 驢(나귀 려)

해설

세상이 너무 삭막해지다보니, 부모 자식 간에 있어서도 안 되지만 또 있을 수도 없는 그런 끔찍한 일들이 심심찮게 일어난다. 원인이야 어찌되었든 최소한 인륜의 법도는 유지가 되어야 세상 사는 맛을 느낄 수가 있게 될 것이다.

"무자식이 상팔자"라느니 "자식이 원수"라는 등의 말을 들을 때면, 어떤 자식 때문에 또 누군가가 곤궁에 처해있구나 하는 생각을 하게 된다. 어찌 무자식이 상팔자일 수 있는가? 실제로 자식을 가지고 싶지만 사정상 아이를 갖지 못해서 애를 태우는 사람에게 이런 표현은 아주 가혹하기가 이를 데 없는 표현이다. 그러나 자식이 얼마나 부모의 속을 썩이고 문제아가 되었기에 오죽하면 이런 표현이 나오게 되었을까?

본문의 말처럼 부모가 자식을 키운다고 온갖 고생을 다 했지만, 그 자식은 부모 만년에 효도는커녕 오히려 걱정거리만 안겨주고 부담만 주게 된다면 부모로서는 오히려 막일이라도 시킬 수 있는 당나귀를 키웠더라면 더 좋았을 것이라고 말할 수도

◆ 養子(양자)-아들을 기르다. 즉 아들을 양육시키다.
◆ 不孝(불효)-효도를 하지 않다.
◆ 不如(불여)-~만 같지 못하다.
◆ 養驢(양려)-당나귀를 기르다.

있을 것이다. 하도 세상이 얄궂다 보니, 자식이 연로한 부모에게 봉양은 차치(且置)하고라도 자기 혼자 아무 탈 없이 살아가는 것도 큰 효도라고 생각하는 시대가 되고 말았다.

자기 자신이 부모에게 당나귀보다 못한 자식으로 살아간다면, 자기가 낳아 키운 자식에게는 무엇을 기대할 수 있을 것이며, 또 무엇을 요구할 염치가 있겠는가? 효자는 효자를 낳고 불효자는 불효자를 낳는 법이다. 행여 불효의 대물림이 있어 왔다면 내 세대에서 그것이 멈출 수 있도록 노력할 일이다.

126

養女不孝 不如養豬

딸을 길렀는데 효도를 하지 않으면, 돼지를 기르는 것만 못하다.

■ 한자의 훈과 음

• 養(기를 양) • 女(계집 녀) • 不(아닐 불) • 孝(효도 효) • 如(같을 여) • 豬(돼지 저)

해설

우리 사회에 남존여비(男尊女卑) 사상이 만연했던 시절, 여성은 가정에서나 사회에서 남성에 비해 비교적 심한 천대를 받았다. 그러나 그런 중에서도 첫딸에 대해서는 다소 긍정적으로 가치를 인정해 주기도 하였다. 이는 "첫딸은 살림 밑천이다."라는 속담에서 그 예를 찾아볼 수 있다. 즉 첫딸은 아들보다 낫다고 보았던 것이다. 그 이유는 큰딸이 집안 살림을 맡아서 할 수 있었기 때문에 큰 밑천이나 다름없다고 본 것이다.

그러나 첫딸이든 그 외의 다른 딸들이든 그런 역할을 제대로 하지 못하거나 효도를 하지 못했을 때는 그 존재 가치는 본문의 지적처럼 돼지만도 못한 것으로 평가하였다.

돼지는 키워 놓으면 팔아서 환금(還金)을 할 수 있는 가치를 가진다. 혹은 잡아서 식용으로 사용할 수가 있다. 하지만 시집을 가기 전까지 딸자식이 집안일을 잘 거들지 못하거나 효도를 잘 하지 못했을 때는 이런 돼지만도 못한 존재, 가세(家勢)나 축내는 애물단지로 천대를 받아야만 했던 시절이 있었다. 그런

◆ 養女(양녀)-딸을 키우다. 딸을 양육시키다.
◆ 不孝(불효)-효도를 하지 않다.
◆ 不如(불여)-~만 같지 못하다.
◆ 養豬(양저)-돼지를 기르다.

시절이 그리 멀지도 않은 몇 십 년 전의 일이었다.

"딸 셋을 여의면 기둥뿌리가 팬다."라든가, "딸 삼 형제를 시집보내면 좀도둑도 안 든다."는 속담에서도 가정을 위한 딸의 공헌도보다는, 집안 살림을 축내는 장본인이라는 부정적인 심리를 잘 보여준다.

그러나 오늘날은 시대가 많이 바뀌었다. 아들보다 딸이 부모에게 더 잘한다는 평가가 이곳저곳에서 들려오는 시대가 되었다. 부모에 대한 효도는 아들이다 딸이다 구별할 것 없이 진심을 담아 최선을 다 해야 하는 기본적인 도리인 것이다.

127

先到爲君 後到爲臣

먼저 도착하면 임금이 되고, 뒤에 도착하면 신하가 된다.

■ 한자의 훈과 음

● 先(먼저 선) ● 到(이를 도) ● 爲(할 위) ● 君(임금 군) ● 後(뒤 후)
● 臣(신하 신)

해설

본문은 무슨 일이든 남들보다 더 노력하고 미리미리 준비를 하여 어떤 일을 먼저 선점하게 되면 성공할 수 있는 확률이 훨씬 높고, 또 높은 지위를 얻을 수 있는 기회도 훨씬 많아진다는 것을 강조하기 위한 글이다.

그렇다. 본문의 말처럼 세상에는 제일 높은 곳이나 유일한 지위는 여러 개가 있을 수 없고, 또 여러 사람이 동시에 그 곳을 점할 수 있는 것이 아니기 때문에 먼저 오르고 먼저 차지하는 그 사람이 최고가 되는 것이고, 그 외의 사람들은 모두 그 아래가 되는 것이다. 나라를 놓고 볼 때 임금과 신하의 관계가 바로 그러하다.

고대에 국가나 영토에 대한 개념이 그다지 강하지 않았을 때는 어떤 지역에 먼저 도착한 사람이 깃발만 꽂으면 자기 소유가 되었다. 규모가 조그마한 경우에는 소박한 지주가 되는 것이었고, 규모가 큰 영토를 차지하였을 때는 왕이 되는 것이었다. 왕이 정해진 뒤에 도착한 사람들은 역시 신하나 백성이 될 수밖

◆ 先到(선도)-먼저 도착하다.
◆ 爲君(위군)-임금이 되다.
◆ 後到(후도)-뒤에 도착하다.
◆ 爲臣(위신)-신하가 되다.

에 없었던 것이다.

만일 사람들에게 임금을 하겠느냐 아니면 신하를 하겠느냐고 묻는다면 거의 대부분이 다 임금을 원할 것이다. 그러나 실제로 임금이라고 해서 누구에게나 다 좋은 것은 아니고, 높고 좋은 지위를 차지하였다 해서 반드시 행복한 것은 아니다. 문제는 충분한 역할을 할 수 있는 능력을 가지고 그 자리에 있어야 된다는 것이다. 그렇지 않을 경우에는 자신도 행복할 수 없고, 그의 휘하에 있는 모든 신하나 백성들 역시 행복할 수가 없는 것이다.

우리는 최고의 자리를 차지하기 위해 노력할 일이다. 그러나 기본이 되지 않은 상태에서 그런 자리에 욕심을 낸다는 것은 역사의 불행을 자초하는 일이다.

128

養兵千日 用在一朝

천 날 동안 병사를 길렀다가, 하루 아침에 쓴다.

■ 한자의 훈과 음

- 養(기를 양) • 兵(군사 병) • 千(일천 천) • 日(해 일) • 用(쓸 용)
- 在(있을 재) • 一(한 일) • 朝(아침 조)

해설

동물의 세계를 소개하는 TV프로는 참으로 흥미롭다. 너무나 우리 인간들의 삶과 비슷하다 싶어 감탄을 금치 못할 때가 많다. 그러나 또 때로는 그 동물들의 단순한 행동을 인간들 중심으로 생각하여 견강부회하게 해석하는 부분도 없잖아 있는 듯하다. 하지만, 어쨌든 동물들의 세계는 우리들로 하여금 인생살이의 참모습을 되돌아보게 하는 좋은 거울이 되어주는 것 같다. 특히 우리를 주목시키는 대목은 생존을 위한 그들의 냉혹한 현실과 약육강식의 질서가 여실히 적용되고 있는 생생한 화면들이다.

동물들과 마찬가지로 우리들 개인이나 국가 간에도 힘의 논리가 그대로 적용되고 있다. 힘이 없는 개인이나 국가는 심심찮게 억울함을 겪거나 주권을 제대로 주장하지 못하는 경우가 많다. 그래서 다들 힘을 기르는 것이다.

국가가 강한 군대를 육성하고 강력한 무기를 개발하여 국방을 튼튼히 하는 것은 다른 나라를 먼저 공격하기 위한 목적보다는, 다른 나라로부터 부당한 위협이나 공격을 받게 될 경우 이것에 대처하기 위한 목적이 우선이라 할 것이다. 따라서 만일에 국가

- ◆ 養兵(양병)-병사를 기르다. 즉 병사들을 강하게 훈련시킨다는 의미.
- ◆ 千日(천일)-천 날. 구체적인 "천 날"을 말하기도 하지만 "오랜 기간"을 의미하기도 함.
- ◆ 用在一朝(용재일조)-쓰임이 하루아침에 있다. 즉 한 순간을 위해 쓰인다는 의미.

간에 분쟁이 없고 서로가 평화롭게 지낼 수만 있다면 모든 국가들이 군사력에 수많은 예산과 국력을 소비할 필요가 없을 것이다. 그러나 자국의 이익을 우선한 국제사회에서는 때로 전쟁도 불사하는 그런 일들이 일어나고 있고, 충돌이 예상되기도 하기 때문에 강한 군사력이 필요한 것이다.

개인이나 국가나 생존 문제에 있어서는 결코 연습이 없다. 그래서 단 한 번의 착오나 실수도 용납되지 않는 것이다. 전쟁에서 실패는 곧 죽음이다. 따라서 본문의 지적처럼 어느 날 어느 순간을 위해 오랜 세월을 준비해야 하는 것이다.

129

官有正條 民有私約

정부에는 정당한 법조문이 있고, 민간에는 사사로운 약속이 있다.

■ 한자의 훈과 음

• 官(벼슬 관) • 有(있을 유) • 正(바를 정) • 條(가지 조) • 民(백성 민)
• 私(사사 사) • 約(맺을 약)

해설

정부는 입법·사법·행정의 삼권(三權)을 행사하는 통치기구이다. 따라서 그 정부의 통치권 아래 있는 백성들은 그 정부의 법규를 따라야만 한다. 그래야 국가 질서가 유지되고 일관된 국가 경영이 가능하게 되는 것이다.

정부는 그 어떤 백성들에게나 모두 공평하게 적용될 수 있는 정당한 법규를 제정하여 이를 불편부당(不偏不黨)함 없이 집행해야할 책임이 있다. 정당한 법과 공평무사한 집행에는 백성들의 불만이나 원성이 있을 수 없다. 하지만 약자에게는 불리하고 강자에게는 유리한 법과 정책이 통한다면, 그 정부는 백성들로부터 큰 원성을 받고 올바른 평가를 받지 못할 것이다.

올바른 법이 제대로 집행될 때는 잘못을 저지른 자가 그 죄에 해당하는 무거운 형벌을 받고도 불평할 수 없지만, 힘의 논리에 따라 부당한 처벌을 받게 된 범죄자가 있다면 설령 그가 가벼운 벌금을 내는데 그쳤다고 하더라도 큰 원통함을 금하지 못할 것이다. 좋은 정부 훌륭한 정치는 힘없고 가난한 백성들의 원성

◆ 官(관)-관. 즉 정부나 국가를 말함.
◆ 正條(정조)-올바른 조리. 즉 법규를 말함.
◆ 民(민)-백성. 민간.
◆ 私約(사약)-사사로운 약속, 즉 개인 간의 약속을 말함.

을 사지 않는 곳에 있다.

나라에는 철저히 명문화된 법조문이 있다면, 일반 백성들 사이에는 불문율이기는 하지만 신의에 따른 약속이 있다. 정당한 법 집행에는 냉정함이 고수되어야 하지만, 민간에서는 상황에 따라 법으로 해결할 수 없는 인정이 통하고 관용과 용서가 통하는 경우가 많다. 그러나 함께 몸 비비고 사는 세상에서 신의를 잃고 자기의 이익만을 챙기는 사람에게 기준도 없이 아무나 후한 인정을 베푸는 것만은 결코 아니다. 그렇기 때문에 때로는 또렷하게 인쇄된 국가의 법조문보다 보이지도 않는 민간의 불문율이 더 가혹할 때도 있는 것이다.

130

天眼恢恢 報應甚速

하늘은 시야가 아주 넓고, 그 보응도 아주 빠르다.

■ 한자의 훈과 음

● 天(하늘 천) ● 眼(눈 안) ● 恢(넓을 회) ● 報(갚을 보) ● 應(응할 응)
● 甚(심할 심) ● 速(빠를 속)

해설

사람은 속여도 하늘은 속일 수가 없다고 하였다. 그러나 이치상 분명 그렇기는 하지만, 때로는 꼭 그런 것만은 아닌 것처럼 보일 때가 있다. 예컨대, 나라에서는 불법을 저지르지 못하도록 법률을 정해놓고 규제를 하고, 또 정부에서는 이를 관리 감독하면서 질서를 유지하고자 노력하지만, 어떤 사람들은 교묘하게 법망을 빠져나가 탈법을 하면서도 아무 탈 없이 잘 살고 있는 그런 모습을 볼 때 이런 생각이 들기도 한다.

그러나 일시적인 법망은 피했다 하더라도 언젠가는 분명 하늘의 공정한 심판을 받게 될 것이다. 다만 그 심판의 날이 내일 있을지 모레 있을지 모를 뿐이다. 본문은 그 시간이 빨리 온다고 강조하고 있다. 하늘에 부끄러운 일은 절대로 선망해서도 안 되고, 행해서도 안 될 일이다.

규정된 법을 잘 지키고 양심에 어긋나는 일은 하지 말아야 한다는 것, 누구나가 기본적으로 잘 알고 있는 사실이다. 그러나 잘 알면서도 그것을 실천하기가 힘들기 때문에 재삼재사 되풀이

◆ 天眼(천안)-하늘의 눈.
◆ 恢恢(회회)-넓고 큰 모양. 혹은 여유가 있는 모양.
◆ 報應(보응)-착한 일이나 악한 일에 대한 갚음.
◆ 甚(심)-아주. 대단히.
◆ 速(속)-빠르다.

하여 강조하는 것이다.

양심은 정말 자신과의 싸움이다. 자신과 하늘만이 알 수 있는 일이 참 많을 수 있다. 어느 순간 어떤 장소에서 무슨 일을 하든지 자신에게 떳떳하고 하늘에 부끄럽지 않는 그런 행동을 하고, 또 그런 삶을 사모하고 그렇게 살고자 노력할 때, 우리는 무슨 일에든 자신감이 넘치고 하는 일마다 박수를 받을 수 있을 것이다.

내 가슴 속의 하늘은 이미 내가 무슨 생각을 하고 있고, 또 무슨 짓을 하고 있는지 먼저 알고 있다.

131

人心似鐵 官法如爐

사람의 마음은 놋쇠와 같고, 관가의 법은 용광로와 같다.

■ 한자의 훈과 음

• 人(사람 인) • 心(마음 심) • 似(같을 사) • 鐵(쇠 철) • 官(벼슬 관)
• 法(법 법) • 如(같을 여) • 爐(화로 로)

해설

사람의 의지가 아무리 쇠처럼 강하다 할지라도, 나라의 법 앞에서는 감히 대항할 수가 없는 것이며, 나라의 법이란 그 어떤 강력한 대항 세력에 대해서도 용광로가 놋쇠를 녹이듯이 다 제어하고 통제할 수 있다는 것이 본문이 말하고자 하는 요지다.

배경이나 세력을 앞세워 사악한 목적을 이루고자 법을 어기거나 대항하는 일은 엄하게 다루어져야 하며, 백성들의 잘못된 생각을 바꾸어 주고, 올바른 사람으로 만들어주는 것도 일정 부분 나라의 책임이라 할 수 있다.

잘못 만들어졌거나 쓸모없는 철제 제품들을 용광로에 잘 녹여서 또 다른 유익한 기물로 만들어낼 수 있는 것처럼, 나라의 법이 우리 인간들의 그릇된 사고와 행동을 하나하나 정상적인 상태로 돌려놓을 수 있다면 그보다 더 큰 법의 기능을 요구할 것은 없을 것이다.

쇠가 강하면 강할수록 더 높은 온도에서 그 쇠를 녹일 수 있는 용광로가 필요하듯, 사람들의 마음이 더욱 강퍅(剛愎)해지

◆ 人心(인심)-사람의 마음. 사람의 의지.
◆ 似鐵(사철)-쇠과 같다. 즉 견고함을 의미함.
◆ 官法(관법)-관의 법. 즉 관가의 형벌을 의미함.
◆ 如爐(여로)-화로와 같다. 즉 여기서는 철을 녹이는 용광로를 의미함.

고 범죄의 질이 자꾸 악독해지면 악독해질수록 법적 장치는 더 강하고 치밀하게 준비되어야 한다. 그러나 처벌을 위한 법이 만일을 대비하여 마련되어 있다 하더라도, 아무한테도 쓸모없는 그런 사회가 되도록 모두가 노력할 일이다.

132

成事莫說 覆水難收

끝난 일은 더 이상 말하지 말라. 엎질러진 물은 주워 담기 어렵다.

■ 한자의 훈과 음

- 成(이룰 성) • 事(일 사) • 莫(말 막) • 說(말씀 설) • 覆(뒤집힐 복)
- 水(물 수) • 難(어려울 난) • 收(거둘 수)

해설

어떠한 일이든 이미 종결이 되어서 되돌릴 수 없는 지경까지 와버렸을 때는 왈가왈부 그것에 대하여 이야기할 필요가 없다는 것이다. 왜냐하면 그것은 엎질러진 물을 다시 거둬들일 수 없는 것과 같은 이치이기 때문이라는 것이 본문의 요지다.

그러나 본문의 내용을 융통성 없이 순진하게 그대로만 받아들여 이해한다면 적절하지 못한 부분도 있을 수 있다. 설령 일이 잘못된 상태로 종료가 되었다 하더라도 사안에 따라서는 그것에 대한 실패의 원인을 분석하고 그 요인을 시정하여 앞으로는 또 다시 그런 시행착오를 겪지 않도록 노력할 필요가 있는 것이다.

사람은 일을 통해 배우는 경험과 지혜가 대단히 많다. 그것은 일의 크기나 성공 여부를 떠나서 어떤 경우에서나 마찬가지다. 실패를 했는데 또 다시 그 실패를 반복하는 것만큼 어리석은 사람은 없다. 지혜로운 사람은 실패에서 값진 교훈을 배우고, 그것을 통해 더 크고 중요한 일에서 성공하는 사람이다. 그래서

◆ 成事(성사)-일이 완성되다. 일이 끝나다. 본문에서는 이미 "저질러진 일"을 의미함.
◆ 莫說(막설)-말하지 말라. <莫>은 금지를 나타냄.
◆ 覆水(복수)-엎질러진 물.
◆ 難收(난수)-거두어들이기 힘들다. 즉 원상의 상태로 되돌리기가 어렵다는 의미.

실패는 성공의 어머니라고 하는 말이 큰 의미를 가지며 우리에게 값진 깨달음을 준다.

의미가 있다고 생각되는 일에 대해서는 심사숙고한 후 과감하게 추진해 나가는 정신이 우리에게는 꼭 필요하다. 그러나 혹 어려움이 있고 실패가 있을 수 있다. 그렇지만 그것 때문에 주저앉아 절망하면 안 된다. 뼈아픈 경험을 거울삼아 더 치밀한 계획을 세우고, 더욱 강력한 추진력을 통해서 매진해 나간다면 세상에 못 이룰 일은 하나도 없을 것이다.

133

一言旣出 駟馬難追

한 마디 말이 이미 입 밖으로 나가면, 네 필의 말이 끄는 수레로도 따라잡기 힘들다.

■ 한자의 훈과 음

- 一(한 일) • 言(말씀 언) • 旣(이미 기) • 出(날 출) • 駟(사마 사)
- 馬(말 마) • 難(어려울 난) • 追(쫓을 추)

해설

한자성어 중에 '사불급설(駟不及舌)'이란 말이 있다. 그 뜻은 "아무리 빠른 사마(駟馬)라도 혀를 놀려서 하는 말을 따르지 못한다."는 말이다. 이 말은 주로 소문은 순식간에 퍼지는 것이기 때문에 반드시 말을 조심해야 한다는 비유로 쓰인다. 본문도 바로 이러한 점을 이야기하고 있는 것이다.

말을 조심할 것을 강조한 한문 속담 중에는 또 "화종구출, 병종구입(祸从口出, 病从口入)"이란 말이 있는데, 그 뜻은 "화는 입에서 나오고, 병은 입으로 들어간다."는 말이다. 사람들이 가장 싫어하고 멀리하고픈 화(禍)와 병(病)이 다른 것도 아닌 말하는 '입'으로 비롯된다는 표현이 참으로 많은 것을 생각하도록 해 준다.

말 실수로 당하게 되는 '설화(舌禍)'는 글을 잘못 써서 당하는 '필화(筆禍)'보다도 훨씬 더 쉽게 일어날 수 있기 때문에 특별히 조심해야 한다. 글도 이미 발표를 해버린 글은 그 내용을 되돌리기가 어렵기는 마찬가지나, 그러나 글은 발표하기 전에 깊은

- ◆ 一言(일언)-한 마디 말.
- ◆ 旣出(기출)-이미 나가다. 즉 입으로 말을 발설해 버림을 의미함.
- ◆ 駟馬(사마)-네 마리 말이 끄는 수레.
- ◆ 難追(난추)-따르기 어렵다. 즉 만회하기가 어렵다는 의미.

생각을 통해 수정이나 삭제가 가능할 수도 있지만, 말은 현장에서 일순간에 발설되는 것이기 때문에 깊이 생각할 시간적 여유가 길지 않아 더욱 조심을 해야 한다는 것이다.

134

一言不中 千言無用

한 마디 말이 옳지 않으면, 천 마디 말도 소용이 없다.

■ 한자의 훈과 음

- 一(한 일) • 言(말씀 언) • 不(아닐 불) • 中(가운데 중) • 千(일천 천)
- 無(없을 무) • 用(쓸 용)

해설

말은 어떤 사실을 설명하고 자신의 의사를 밝힐 때 필요한 인간의 중요한 전달 수단이다. 이러한 말은 거짓 없이 정확하게 전달이 될 때 비로소 최고의 가치를 가진다. 사람에게 있어서 신용의 정도는 그 사람의 말에 근거하여 평가되는 경우가 많기 때문에, 우리는 항상 거짓말이 아닌 참말을 하도록 노력해야 한다.

본문의 내용은 두 가지로 해석할 수 있다. 그 중에 하나는 사람이 한 마디라도 거짓말을 하면 아무리 그럴싸한 말로 설명을 한다 해도 신뢰할 수가 없다는 뜻으로 볼 수가 있고, 또 하나는 일단 말이 주제에 어긋나면 아무리 많은 이야기를 하더라도 쓸모가 없다는 뜻으로 볼 수도 있다. 그러나 문맥상으로 볼 때, 전자의 해석을 취하는 것이 옳을 듯하다.

사람들을 접하다 보면, 뻔히 알고 있는 사실을 이리저리 돌려가며 거짓말을 하거나 호도(糊塗)하는 경우들을 간혹 보게 된다. 이럴 경우 그 사람의 잘못된 사실을 지적해 주면 그는 또 그

◆ 一言(일언)-한 마디의 말.
◆ 不中(부중)-적중하지 않다. 즉 옳지 않다는 의미.
◆ 千言(천언)-천 마디의 말.
◆ 無用(무용)-쓸모가 없다. 소용이 없다.

거짓을 덮기 위해 또 다른 거짓말로 대처를 한다. 이러다보면 거짓말은 또 거짓말을 낳게 된다. 그리고 한 번의 불신은 또 다시 불신을 낳기가 쉽게 된다. 결국 이런 현상이 반복되다 보면 그 이후의 교제에서는 서로가 신뢰를 회복하기가 힘들게 된다.

135

黃金無假 阿魏無眞

황금은 가짜가 없고, 아위(阿魏)는 진짜가 없다.

■ 한자의 훈과 음

• 黃(누를 황) • 金(쇠 금) • 無(없을 무) • 假(거짓 가) • 阿(언덕 아)
• 魏(나라 이름 위) • 眞(참 진)

해설

우리 주위에서 쉽게 볼 수 있고 쉽게 만들어지는 물건들은 평범한 것들이기 때문에 가짜가 존재하기 어렵고, 우리가 접촉하기 어려운 외제(外製)는 혹시 직접 오감으로 접촉해 볼 수 있는 기회가 있다고 할지라도 가짜일 가능성이 클 수밖에 없다는 것이 본문의 요지다.

다시 말해, 황금은 얼른 알아볼 수 있기 때문에 가짜가 있을 수 없고, 먼 외국에서 생산되는 아위(阿魏)는 자주 접해볼 수 있는 풀이 아니기 때문에 누군가가 비슷한 풀을 가지고 아위라고 속여도 속아 넘어가기 쉽다는 말이다.

하지만 오늘날 세상은 국가 간의 상호 교류가 너무나 쉽고도 빠르게 이뤄지고 있기 때문에 이런 말은 통하지 않는 세상이 되어버렸다. 그리고 아무리 흔하고 자주 접하는 물건이라 할지라도 경제적으로 이익이 된다싶으면 모조품들을 만들어내고 있으니, 전문가들도 그 진위를 분별하기 힘든 짝퉁의 세상이 바로 오늘이 되어버렸다.

◆ 無假(무가)-가짜가 없다.
◆ 阿魏(아위)-산형과(繖形科)에 속하는 여러해살이풀. 이란과 아프가니스탄이 원산지인 약용식물.
◆ 無眞(무진)-진짜가 없다.

우리는 일상에서 '사이비(似而非)'라는 말을 자주 사용하는데, 겉으로는 비슷하지만 속이 완전히 다른 것을 지칭할 때 쓰는 말이다. 종교나 학설 등에서만 사이비 현상이 있는 것이 아니라, 모든 방면에서 사이비가 판을 친다. 어떤 경우는 사이비가 너무나 진짜인 것 같아서, 진짜가 제대로 평가를 받지 못하는 그런 경우가 많아서 세상의 질서가 혼란스럽기만 하다.

진짜가 진짜로 대접을 받고, 가짜가 가짜로 대접을 받아야 이치적으로 옳다. 그러나 인간의 뒤틀린 욕심이 사라지지 않는 한 이 세상의 짝퉁은 영원히 우리 곁을 떠나지 않을 것이 확실하기만 하다.

136

癡人畏婦 賢女敬夫

어리석은 사람은 아내를 두려워하고, 현숙한 여인은 남편을 존경한다.

■ 한자의 훈과 음

- 癡(어리석을 치) • 人(사람 인) • 畏(두려워할 외) • 婦(아내 부)
- 賢(어질 현) • 女(계집 녀) • 敬(공경할 경) • 夫(지아비 부)

해설

서로 몰랐던 사람이라 할지라도 어떤 남녀가 결혼을 하면 부부가 되고, 부부가 되면 함께 생활하면서 가정을 이루게 된다. 가정의 첫 열매는 가족이며, 그 가족들은 무엇보다 사랑과 신뢰를 바탕으로 행복을 일구어나가게 된다.

일반적인 가정에서는 부부가 중심이 되며, 위로는 부모가 있고, 아래로는 자식이 있게 된다. 여기서 여러 관계들이 형성되지만 역시 가장 중요한 것은 부부관계이다.

옛날에는 남존여비 사상 때문에 아내의 존재를 그렇게 중요하게 생각하지 않았던 듯하다. 그래서 필요할 때는 옷을 입었다가 필요 없을 때는 옷을 벗어던져버리는 것처럼 아내의 존재를 그렇게 쉽게 생각하기도 하였다. 그러나 부부는 헤어지면 남이 되는 '무촌(無寸)'의 관계이기도 하지만, 역으로 너무나 가깝고 중요한 관계이기에 '무촌'이라고 했을 수도 있지 않을까?

촌수로도 계산할 수 없는 지극히 가까운 관계가 부부라는 사실을 이해한다면, 서로가 똑 같은 입장에서 사랑하고 존경하

- ◆ 癡人(치인)-어리석은 사람. 여기서 <人>은 "남편"을 가리킴.
- ◆ 畏婦(외부)-아내를 두려워하다.
- ◆ 賢女(현녀)-현숙한 여인. 여기서 <女>는 "아내"를 가리킴.
- ◆ 敬夫(경부)-남편을 존경하다.

는 마음을 가져야 할 것이다. 옛말에 "의가 없는 부부는 맞지 않는 신발과 같다."고 하였다. 이는 부부간에 사이가 좋지 않으면 발에 안 맞는 신발처럼 늘 마음에 고통을 주게 된다는 말이다. 서로 고통을 주는 부부관계에서 무슨 큰일을 도모하고 무슨 가정의 행복을 기대할 수 있겠는가?

부부란 서로 불완전한 반쪽이 만나 완전한 하나를 만드는 그런 관계라고 하지만, 그 '완전함'은 항상 배우자의 희생을 전제하기 이전에 자신의 애틋한 사랑과 존중이 먼저 표현되어야 가능한 것이 아닐까 한다.

137

寧可負我 切莫負人

차라리 내가 짐을 질지언정, 절대로 다른 사람에게 짐을 지게 하지는 말라.

■ **한자의 훈과 음**

- 寧(편안할 녕) • 可(옳을 가) • 負(질 부) • 我(나 아) • 切(끊을 절)
- 莫(말 막) • 人(사람 인)

해설

내가 좀 힘들고 희생을 하더라도 다른 사람에게는 절대로 폐(弊)가 되지 않도록 하라는 말이다. 그래서 ≪명심보감≫에서도 "대장부는 마땅히 남을 용서할지언정, 남에게 용서받는 사람은 되지 말아야 한다.(大丈夫當容人, 無爲人所容)"고 하여, 역시 비슷한 이치를 말하고 있다.

하지만 세상에 누구나 완벽한 사람은 없기 때문에 살다보면 자신이 다른 사람에게 짐이 되기도 하고, 때로는 또 용서를 받으며 살기도 한다. 그래서 가능한 한, 남에게 무엇이든 베풀고 용서하는 입장이 되도록 노력하되, 여건상 어쩔 수 없이 남의 도움이 필요하고 은혜를 입어야할 때는 감사의 마음으로 순순히 받아들일 줄도 알아야 한다. 왜냐하면 남으로부터 무엇인가를 받아서 감사를 느껴본 사람은, 입장이 바뀌었을 때 그렇지 않은 사람보다 상대방의 어려운 처지를 절실하게 깨닫고 도움의 필요성을 더 잘 이해할 수 있기 때문이다.

사람들 중에는 "죽으면 죽었지 절대로 남의 도움을 받지 않겠

◆ 寧可(영가)-차라리 ~할 수 있다. 차라리 ~하는 것은 괜찮다.
◆ 負我(부아)-내가 짐을 지다.
◆ 切莫(절막)-절대 ~하지 말라.
◆ 負人(부인)-다른 사람에게 짐을 지우다.

다."고 하는 그런 사람도 있다. 남에게 폐를 끼치지 않으려는 정신은 좋지만, 그런 고집이 너무 지나치면 그것은 만용(蠻勇)이 되기 쉽다. 왜냐하면 그런 행동이 오히려 주위 사람들을 불편하게 해서 폐(弊)가 되기 때문이다.

사랑은 받을 수 있어서 행복할 수도 있지만, 줄 수 있어서 행복한 경우도 참 많다. 도움이란 사랑을 바탕으로 한 것이기 때문에 줄 때도 행복할 수 있지만, 받을 때도 행복할 수 있어야 한다.

138

人貧志短 馬瘦毛長

사람이 가난하면 의지가 약해지고, 말이 야위면 털이 길어진다.

■ 한자의 훈과 음

- 人(사람 인) • 貧(가난할 빈) • 志(뜻 지) • 短(짧을 단) • 馬(말 마)
- 瘦(파리할 수) • 毛(털 모) • 長(길 장)

해설

우리는 돈을 많이 가졌으면 부자(富者)라 하고, 적게 가졌으면 빈자(貧者), 그리고 아예 가진 것이 없으면 궁인(窮人)이라고 말한다.

부자는 예외가 되겠지만, 빈자와 궁인에게 있어서 가장 문제가 되는 것은 경제적인 한계 때문에 자신의 꿈을 이루는데 어려움이 많다는 점이다. 그것은 자신의 포부를 펼치기 위해서는 먹고 사는 문제 외에 또 다른 노력과 투자가 필요하기 때문이다.

본문에서 사람이 가난해지면 의지가 약해진다고 지적한 것도 곧 이것을 말함이다. ≪명심보감≫에서는 사람이 가난하면 '지혜'가 짧아진다고 하였는데, 실제로 지혜보다는 의지가 약해진다는 표현이 더 잘 어울리지 않을까 싶다. 왜냐하면 지혜는 어려운 일을 겪는 과정에서, 또 무엇인가 필요한 환경에서 생겨나는 경우가 많기 때문이다.

잘 먹어 살찐 말은 털 색깔도 좋고 그 털이 체형에 잘 어울리게 보인다. 그러나 본문의 말처럼 못 먹어 야윈 말은 털만 유난히

◆ 人貧(인빈)-사람이 가난하다.
◆ 志短(지단)-뜻이 짧아지다. 즉 의지가 약해진다는 의미.
◆ 馬瘦(마수)-말이 야위다.
◆ 毛長(모장)-털이 길다.

길게 보이면서 그 털이 체형과 따로 노는 것처럼 보인다. 그런데 설상가상으로 털 관리까지 제대로 되지 않은 경우에는 그 초라함과 추함은 이루 말할 수가 없다.

사람이나 말이나 경제적으로 궁핍하게 되면 가슴 속의 의지는 약해지고 겉모습은 어쩔 수 없이 초라하게 된다는 본문의 요지를 잘 이해하고, 우리는 가난 때문에 훌륭한 생각이나 지혜를 제대로 발휘하지 못하고 실천하지 못하는 비극이 생기지 않도록 땀 흘려 일하고 노력하며, 낭비하지 않는 생활 습관을 길러야 할 것이다.

139

死生由命 富貴在天

죽고 사는 것은 운명에 달려있고, 부(富)하고 귀(貴)한 것은 하늘에 달려있다.

■ 한자의 훈과 음

- 死(죽을 사) • 生(날 생) • 由(말미암을 유) • 命(목숨 명) • 富(부자 부)
- 貴(귀할 귀) • 在(있을 재) • 天(하늘 천)

해설

일에는 내 소관(所管)이 있고, 내 소관 밖의 것이 있다. 태어나고 죽는 것은 내 소관 밖의 일이다. 물론 출생은 확실히 소관 밖이라 할 수 있지만, 죽음은 자신의 의지에 의해 비명(非命)에 생을 마감시킬 수도 있기 때문에 소관 안의 일이라고 말할 수도 있겠지만, 그러나 이것은 신성한 삶의 순리에 대한 반칙이기 때문에 어불성설이 아닐 수 없다. 그러니 이 세상에 오는 것과 가는 것은 반드시 하늘의 안배에 따라야 하는 것이다.

부자가 되고 귀한 인물이 되는 것도 역시 하늘에 의해 정해진 것이기 때문에 운명으로 받아들여야 한다는 것이 본문의 요지이지만, 그러나 이 말은 생사(生死)에 대한 문제와는 다소 차이가 있다고 할 수 있다. 부귀는 자신의 의지와 노력에 의해 성취할 수 있는 여지가 얼마든지 있기 때문이다.

다소 열악한 환경과 어려운 시대에 태어났다 할지라도 자신의 처지를 그대로 받아들이지 않고 하늘이 감동할 정도로 열심히 살다보면 다른 사람들이 상상하지도 못했던 위치까지 오를 수도

◆ 死生(사생)-죽고 살다.
◆ 由命(유명)-명으로 말미암다. 즉 운명에 달려있다는 의미.
◆ 富貴(부귀)-부하고 귀함.
◆ 在天(재천)-하늘에 있다. 즉 하늘의 뜻에 달려있다는 의미.

있고, 또 큰 일을 이룰 수도 있기 때문이다.

될 수도 있고, 안 될 수도 있다는 절반의 확률 앞에서, 그 결과는 우리가 무엇을 믿고 어떻게 추진하느냐에 따라 열매는 달라지게 된다. 역시 중요한 것은 이룰 수 있다는 확고한 신념과 불굴의 의지로 땀을 흘린다면 이 세상에 넘지 못할 산은 그렇게 많지 않은 것이다.

140

長安雖樂 不適久居

장안이 비록 즐거운 곳이지만, 오래 머물기에는 적당하지 못하다.

■ 한자의 훈과 음

• 長(길 장) • 安(편안할 안) • 雖(비록 수) • 樂(즐거울 락) • 不(아닐 불)
• 適(맞을 적) • 久(오랠 구) • 居(살 거)

해설

사람들은 대부분 자기 나름의 다양한 취향과 취미를 가지고 있다. 생활의 주거환경에서부터 먹는 것 입는 것 등 모든 것에서 다 그러하다. 어떤 사람은 도시에서 사는 것보다는 조용한 시골에서 사는 것을 좋다하고, 또 어떤 사람은 아파트보다는 단독주택을 선호하기도 한다. 모두가 개성에 따른 것이기 때문에 이런 것에 대해 어떤 것이 좋고 나쁘다 말할 수가 없는 것이다.

본문에서의 장안(長安)은 번화한 도시요 모든 방면에서 중심이 되는 상징적 지명이다. 이곳 장안에서는 능력이 된다면 벼슬을 할 수도 있고, 또 시간과 경제적 여건만 허락한다면 다양한 문화를 누리면서 살아갈 수도 있다. 하지만, 본문이 강조하고자 하는 바는 아무리 높은 벼슬을 하고 수준 높은 문화생활을 누리면서 산다고 할지라도 그 곳에 너무 연연하는 것은 적절치 못하다는 말이다.

현대 중국어에서는 속담으로 "장안이 비록 좋기는 하지만, 오래 미련을 둘 곳은 아니다.(長安雖好, 不是久戀之家)"라는 표현을 쓰고 있다. 표현만 다를 뿐이지 그 의미는 같은 맥락이다.

◆ 長安(장안)-지명(地名). 지금의 산서성(陜西省)과 서안(西安) 일대를 말함. 중국의 서한(西汉)·신(新)·서진(西晋)전조(前赵)·진(秦)·서위(西魏)·북주(北周)·수(隋)·당(唐)의 도읍지였으며, 동한(东汉)·위(魏)·당(唐) 등의 왕조가 제2의 도읍을 이룬 곳임.
◆ 雖樂(수락)-비록 즐겁다고 할지라도.
◆ 不適(부적)-적절하지 못하다.
◆ 久居(구거)-오래 머물다.

141

合理可作 小利莫爭

이치에 합당하면 해도 좋으나, 작은 이익 때문에 다투지는 말아라.

한자의 훈과 음

- 合(합할 합) • 理(다스릴 리) • 可(옳을 가) • 作(지을 작) • 小(작을 소)
- 利(이로울 리) • 莫(말 막) • 爭(다툴 쟁)

해설

이치는 모든 사람들에게 공평하고 평등하게 적용되어 절대적인 선의 가치를 가지는 것이다. 따라서 자기에게 유리하다거나 혹은 불리하다 해서 이를 마음대로 적용시켜서는 안 되는 것이 이치이다. 물론 이치대로 처리를 하더라도 사안에 따라서는 누군가에게는 불리할 수도 있겠지만, 이는 승복하지 않으면 안 되는 것이다. 눈앞의 조그마한 이익을 위해 이치를 무시하고 억지로 일을 추진하다 보면 한 두 번은 일시적으로는 통할 수 있을지 모르지만, 언젠가는 그것으로 인하여 자신이 곤궁에 빠질 수가 있게 된다.

이치를 따르는 언행에는 향기가 난다. 그 향기는 겉으로 보이는 외면적인 자태에서도 나타나지만, 그보다는 사람의 심금을 움직이는 더 깊은 내면적인 아름다움을 가진다.

다툼은 욕심에서 생겨난다. 욕심만 없다면 다툼이 있을 수 없다. 그러나 어찌 인생에서 전혀 욕심 없이, 전혀 다툼 없이 살 수가 있겠는가? 다만 이치에 따라 적당한 욕심으로 살아갈 때 우리는 행복한 삶을 살아갈 수가 있게 될 것이다.

◆ 合理(합리)-합리적이다. 이치에 합당하다. ◆ 可作(가작)-할만하다. 해도 좋다.
◆ 小利(소리)-작은 이익. ◆ 莫爭(막쟁)-다투지 말라.

142

賊是小人 智過君子

도적(盜賊)은 소인(小人)이나, 그 지혜는 군자(君子)보다 뛰어나다.

■ 한자의 훈과 음

• 賊(도둑 적) • 是(옳을 시) • 小(작을 소) • 人(사람 인) • 智(슬기 지)
• 過(지날 과) • 君(임금 군) • 子(아들 자)

해설

꼭 같은 연장이라도 좋은 목적을 가지고 선한 일에 쓰면 이기(利器)가 되지만, 그것을 나쁜 일에 잘못 사용하면 흉기(凶器)가 된다. 이것은 도구 자체에 문제가 있는 것이 아니라, 그 도구를 누가 어떤 목적으로 사용하느냐에 따라서 이기가 될 수도 있고, 흉기가 될 수도 있다는 말이다.

인간의 지식이나 지혜도 마찬가지다. 높은 학식과 지혜를 가진 사람 중에는 우리들에게 유익함을 주기 위해서 그것을 활용하는 사람도 있지만, 나쁜 마음을 먹고 범죄를 저지르는데 사용하는 사람도 적지 않다. 이 역시 학문의 깊이와 지혜에 문제가 있는 것이 아니라, 그것을 누가 어떤 곳에 사용하느냐가 중요하다는 사실을 말해주는 것이다.

그래서 교육이 필요하고 수양이 필요한 것이다. 태어나면서부터 모든 이치를 다 깨닫고 세상으로 나오는 사람 없으며, 그렇다고 해서 또 오래 살았기 때문에 지식이나 지혜가 반드시 많은 것도 아니다. 그것을 언제 얻었든, 혹은 그 크기가 얼마나 되든 우리들은 그 지식과 지혜를 발전적인 측면에서 활용하고 발전시

◆ 賊是小人(적시소인)-도적은 소인이다. <是>는 "~이다".
◆ 智過君子(지과군자)-지혜는 군자보다 뛰어나다. <過>는 "~보다 뛰어나다".

켜야 할 것이다.

본문에서 지적한 바와 같이, 소인이라고 해서 모든 방면에서 군자보다 못한 것은 아니다. 소인도 군자보다 훨씬 뛰어난 지혜를 가질 수 있고, 또 훨씬 좋은 기술을 가질 수도 있다. 다만 소인과 군자의 차이가 있다면 그 쓰임의 열매가 다르다는 것이다. 소인의 열매에서는 구린내가 나고, 군자의 열매에서는 향기가 난다.

우리가 가진 지혜가 다소 부족하더라도 소인배들의 발상에서 나온 '잔머리' 지혜가 되지 않도록 노력할 일이다.

143

人相面形 馬相毛色

사람은 얼굴 생김새로 점을 칠 수 있고, 말은 털 색깔로 점을 칠 수 있다.

■ 한자의 훈과 음

● 人(사람 인) ● 相(서로 상) ● 面(낯 면) ● 形(모양 형) ● 馬(말 마)
● 毛(털 모) ● 色(빛 색)

해설

세상에는 관상을 통해서 그 사람의 길흉화복을 점쳐볼 수 있는 전문서적들이 많이 있다. 이런 책들은 대부분 사람의 얼굴 모양이나 오관(五官)·골격(骨格)·기색(氣色)·체태(體態)·손금 등을 통해서 사람들의 장래가 어떻게 전개될 것인지를 예측할 수 있다고 말하고 있다. 그러나 실제로 이러한 학문적 접근은 대부분 과학적으로 큰 신빙성을 얻지 못하여 그저 점이나 손금 보기 수준에 머무르고 있는 실정이 아닌가 한다.

중국에서 송대(宋代) 이후 가장 영향력이 컸던 책으로 ≪마의상법(麻衣相法)≫을 꼽는데, 이 책은 사람의 표면적인 '상(相)'을 중시하면서도 사람의 됨됨이를 강조하고 있다는 점에서 큰 관심을 받아왔다. 책에서는 "관상(觀相)은 심상(心相)만 못하고, 심상(心相)은 덕상(德相)만 못하다.(觀相不如心相, 心相不如德相)"고 하여 사람이 덕을 베풀면서 만들어진 자연스런 상이 최고라고 강조한 것이다.

우리가 그냥 상식적으로만 생각해 보더라도, 언제나 좋은 생

◆ 相(상)-관상을 보다. 점을 치다. 손의 생김새를 보고 길흉화복을 판단하는 것을 <수상(手相)>이라고 말하는 것처럼, 여기서도 이와 같이 <相>은 "점을 친다"는 뜻으로 쓰임.
◆ 面形(면형)-얼굴 형상. 즉 사람 얼굴의 생김새를 말함.
◆ 毛色(모색)-털 색깔.

각을 하고 좋은 일을 하는 사람에게 어찌 좋은 일이 생기지 않겠는가? 그런 사람을 어찌 주위 사람들이 도와주지 않고 사랑해 주지 않겠는가? 아무리 관상학적으로 좋은 요소를 가지고 있더라도 나쁜 마음을 먹게 되면 좋지 못한 인상으로 바뀌어갈 것이 뻔한 것이다. 그러나 좀 못 생기고 능력이 부족하다 할지라도 훌륭한 인품을 가지고 선한 덕을 쌓는 사람은 좋은 인상으로 바뀌어갈 것이 뻔한 것이다.

본문 내용 역시도, 사람이나 짐승이나 속으로 좋은 일을 생각하고 선한 일을 추구하려는 자에게는 그 모습이 자연스럽게 겉으로 드러나게 되는 법이라고 이해하면 좋겠다.

144

君子愛財 取之有道

군자도 재물을 사랑하지만, 그것을 취할 때는 도리에 맞게 한다.

■ 한자의 훈과 음

- 君(임금 군) • 子(아들 자) • 愛(사랑 애) • 財(재물 재) • 取(취할 취)
- 之(갈 지) • 有(있을 유) • 道(길 도)

해설

아무리 점잖고 어진 군자라 할지라도 그 역시 사람이기 때문에 먹고 사는데 필요한 재력은 있어야 한다. 그 재력은 다른 사람에 비해 넉넉할 수도 있고, 부족할 수도 있지만 일반적으로 우리나라에서 전통적인 군자상은 넉넉한 쪽은 아닌 것 같다. 그러나 정당한 노력의 대가로 얻게 된 소득과 부(富)라면 어디까지나 자랑스러운 것이며, 모두가 축하해 줄 일이다.

그러나 재물에 눈이 어둡다 보면 군자의 면모를 유지하기 힘들게 될 뿐만 아니라, 때로는 지탄의 대상이 되는 경우도 많기 때문에 예부터 성인들은 재물에 대한 인식을 분명히 할 것을 강조해 왔다.

그래서 ≪명심보감≫에서도, 설령 어진 사람이라 할지라도 갑자기 재물이 많아지면 그가 원래 가지고 있던 숭고한 뜻은 손상을 받게 되고, 어리석은 사람에게 갑자기 재물이 많이 생기면 허물이 많아진다(賢而多財則損其志, 愚而多財則益其過)고 하였다. 그리고 또 의롭지 않게 들어온 돈과 재물은 마치 끓는

◆ 君子(군자)-행실이 점잖고 어질며 덕과 학식이 높은 사람.
◆ 愛財(애재)-재물을 사랑하다.
◆ 取之(취지)-그것을 취하다. <之>는 대명사로 "재물"을 가리킴.
◆ 有道(유도)-도가 있다. 즉 도리에 맞게 행한다는 의미.

물에 눈을 뿌리는 것처럼 사라지게 될 것이라(無義錢財, 湯潑雪)고도 하였다.

그러니 군자의 인품을 가진 사람이든 아닌 사람이든 관계없이 우리는 기본적으로 재물에 대한 속성을 잘 이해하고 이를 잘 다스릴 줄 아는 지혜를 가져야할 것이다.

145

小人愛財 不顧體面

소인이 재물을 사랑할 때는, 체면도 돌아보지 않는다.

■ 한자의 훈과 음

•小(작을 소) •人(사람 인) •愛(사랑 애) •財(재물 재) •不(아닐 불) •顧(돌아볼 고) •體(몸 체) •面(낯 면)

해설

체면을 알면 이미 소인이 아니라 할 수 있다. 체면을 모르기에 소인이고, 소인이기 때문에 인간 말종과 같은 행동을 쉽게 할 수 있게 되는 것이다.

재물은 사람의 눈을 쉽게 멀게 하는 특별한 능력을 가지고 있다. 그래서 도리를 무시하고 살아가는 중심 없는 사람들은 오로지 자기에게 이익이 되겠다 싶은 일이면 전후 관계도 따져 보지 않고 물욕만을 탐하게 된다. 이런 사람들이 주로 하는 말이 있다. "체면이 밥 먹여 주느냐?"는 말이다. 하지만 그들은 그 '체면'이 곧 우리들의 인격이요 그 인격이 바로 삶의 생명이라는 것을 모르고 있는 것이다. 어찌 우리가 체면을 무시하고 인간적인 교제를 할 수 있으며, 또 어찌 서로 신뢰하면서 공동생활의 일원으로 살아갈 수 있겠는가?

우리가 여기서 말하는 체면은 어떤 정신적인 허영을 말하는 것이 아니라, 떳떳한 도리 측면에 그 중심을 두고 있음을 우리는 잘 알고 있다. 물론 어떤 경우에는 이 부끄러움 없는 '도리'를

◆ 小人(소인)-도량이 좁고 간사한 사람.
◆ 愛財(애재)-재물을 사랑하다.
◆ 不顧(불고)-돌아보지 않다. 즉 아무 것도 아랑곳하지 않는다는 의미.
◆ 體面(체면)-남을 대하기에 떳떳한 도리나 얼굴.

잘못 이해하여 별로 이상적이지 못한 쪽으로 적용시키기도 한다. 즉, 식당에서 체면 때문에 남은 음식을 싸 달라고 말하지 못하는 경우나, 체면 때문에 자신의 잘못을 인정하지 못하고 잘 했다고 고집을 피우는 등등의 예는 본문에서 말하고 있는 체면과는 다른 차원이다.

우리들의 명예가 들어있고 우리들의 자존심이 살아 숨 쉬고 있는 것이 곧 체면이라고 볼 때, 이 체면은 다름 아닌 우리들의 건전한 정신과 삶을 통해 만들어진 인생의 열매요 선물이라 아니할 수 없다. 좋은 열매를 내 자녀들에게 남겨줄 수 있도록 노력할 일이다.

146

人死留名 虎死留皮

사람은 죽어 이름을 남기고, 호랑이는 죽어 가죽을 남긴다.

■ 한자의 훈과 음

• 人(사람 인) • 死(죽을 사) • 留(머무를 류) • 名(이름 명) • 虎(범 호) • 皮(가죽 피)

해설

빈손으로 왔다가 빈손으로 가는 것이 우리의 인생이다. 바람처럼 왔다가 바람처럼 사라지는 것이 또한 우리의 인생이다. 하지만 오고 감은 그러하다 할지라도 사람이 떠난 자리에는 무엇인가가 남게 마련이다. 이른바 흔적이라는 것이다. 흔적은 물질로도 남을 수 있지만 눈에 보이지 않는 무형의 흔적으로도 남을 수 있다. 사람에게 있어서 이름이 그러하다. 선한 일을 하고 위대한 업적을 이룬 사람은 향내를 풍기는 이름으로, 그렇지 못한 악인은 영원히 지탄 받는 구린내 나는 이름으로 남는다. 그러기에 역사가 중요하고, 후세에 있게 될 평가에 마음이 쓰이는 것이다.

평생을 나쁜 일로 일관해 오던 사람도 세상을 정리할 때 쯤 되면 지나온 세월을 뒤돌아보며 개오(改悟) 각성하는 경우가 많다 한다. 여기에는 물론 양심적인 반성이 우선 되어 그럴 수도 있겠지만, 어쩌면 사후의 평가에 대한 두려움 때문에 그럴 수도 있지 않을까 하는 그런 생각이 들기도 한다.

◆ 人死(인사)-사람이 죽다.
◆ 留名(유명)-이름을 남기다.
◆ 虎死(호사)-호랑이가 죽다.
◆ 留皮(유피)-가죽을 남기다.

사람에게는 두 가지 방면에서 따뜻함이 필요하다. 그 하나는 옷을 입어 몸을 따뜻하게 하고 싶은 욕망이요, 또 하나는 마음의 훈훈함이 필요한 정신적 온기를 바라는 욕망이다. 크고 튼튼하게 자란 멋진 호랑이가 우리에게 남겨줄 수 있는 것은 멋진 '가죽옷'이 될 것이요, 이 가죽은 추운 겨울 우리의 육체를 따뜻하게 보호해줄 가림막이 되어 줄 것이다. 그러나 고매한 인품으로 훌륭한 업적을 남긴 선인(善人)들이 우리에게 남겨줄 수 있는 것은 빛나는 '자랑'이 될 것이요, 이 자랑은 훌륭한 삶을 살고자 노력하는 우리들에게 정신적 지주가 되어줄 것이다.

세상에는 옷을 제대로 못 입어 추운 겨울을 살면서도, 가슴 속에 간직한 따끈따끈한 조상의 자랑거리 때문에 훈훈한 봄날을 보내고 있는 사람도 적지 않다.

147

閙裏取錢 靜處安身

번화한 곳에서는 돈을 벌고, 조용한 곳에서는 몸을 편하게 하여 수양을 한다.

■ 한자의 훈과 음

● 閙(시끄러울 료) ● 裏(속 리) ● 取(취할 취) ● 錢(돈 전) ● 靜(고요할 정)
● 處(살 처) ● 安(편안할 안) ● 身(몸 신)

해설

무슨 일에 성공한 사람들을 가만히 살펴보면 순간순간 상황 판단에 뛰어난 능력을 발휘했음을 발견할 수가 있다. 물론 그런 상황 판단은 면밀한 연구와 조사가 먼저 선행이 되었을 것이다. 그러니 성공적인 결과는 이미 시작부터 절반은 이루어놓은 셈이라고 할 수도 있다. 그러나 실패하는 사람들의 공통점은 분위기 파악을 제대로 하지 못하고 성급하게 결정함으로 비롯되는 경우가 많은 듯 하다. 물론 기상천외한 사업 수단을 가진 사람들은 상식이 통하지 않는 특별한 방법으로 성공을 거두기도 하지만, 일반적인 현상은 아니라 할 것이다.

평범한 상식에서 생각해 볼 때, 돈을 벌기 위해서는 먼저 사람들이 많이 들끓는 곳에서 판을 벌여야 하고, 그렇지 않은 곳에서 사업을 하려면 먼저 사람들이 많이 왕래할 수 있도록 그런 환경을 만드는데 노력을 아끼지 말아야 할 것이다.

조용한 곳은 조용한 곳대로 또 최고의 가치를 발휘할 수 있는 분야가 있으니, 이에 부합되는 최적의 것으로 무엇이 있을지

◆ 閙裏(요리)-시끄러운 장소. 즉 번화한 곳을 의미함.
◆ 取錢(취전)-돈을 취하다. 즉 돈을 버는 것을 의미함.
◆ 靜處(정처)-조용한 곳.
◆ 安身(안신)-몸을 편안하게 하다. 즉 편안한 마음으로 수양함을 의미함.

곰곰이 연구하고 살펴볼 필요가 있다.

본문의 후반에서 강조하고 있는 내용 역시 바로 이런 점이다. 수양을 하기 위해서는 먼저 조용한 곳을 찾아야 한다는 것이다. 물론 가장 시끄러운 곳에서도 모든 잡사를 초탈하고 모든 환경을 초월하여 무아지경에 몰입하는 수양을 할 수도 있지만, 역시 조용한 곳에서 몸을 편안히 수양하는 것이 좋다는 말이다.

148

來如風雨 去似微塵

올 때는 대단한 비바람처럼 왔다가, 갈 때는 조용히 작은 먼지처럼 사라진다.

■ 한자의 훈과 음

- 來(올 래)
- 如(같을 여)
- 風(바람 풍)
- 雨(비 우)
- 去(갈 거)
- 似(같을 사)
- 微(작을 미)
- 塵(티끌 진)

해설

우리는 하루하루를 사건 속에서 살아간다. 다만 크고 작은 규모의 차이 때문에 사건이 없는 그런 날도 있는 것 같지만, 그러나 항상 사건은 하루하루의 역사를 만들어가는 내용물로 존재한다.

사람은 의외의 일을 당하거나 갑작스런 사건을 접하게 되었을 때 당황하거나 충격을 받게 된다. 소문은 바로 이러한 우리 인간들의 특징을 이용하여 한 턱 효과를 보려는 속성을 가지고 있는 것이다. 그래서 때로는 충격을 극대화시키기 위하여 다소 확대 과장을 하기도 하고, 없는 사실을 더하기도 한다.

때문에 세상에 어떤 사건이 터졌을 때는 마치 조용하던 하늘에 폭풍우가 몰아치는 것 같은 충격 내지는 당혹감을 느끼게 된다. 하지만 일의 진상이 알려지고 서서히 마무리가 되어갈 때쯤 되어서는 대부분의 사람들에게 그것은 별 다른 의미도 없는 사소한 사건으로 간주되기도 하고, 또는 신경 쓰고 싶지도

- ◆ 來(래)-오다. 즉 어떤 사건이 발생함을 의미함.
- ◆ 如(여)-~와 같다.
- ◆ 風雨(풍우)-바람과 비. 즉 폭풍우를 의미함.
- ◆ 去(거)-떠나다. 즉 어떤 사건이 마무리되어 잊혀지는 것을 의미함.
- ◆ 似微塵(사미진)-미진(微塵)과 같다. <似>는 "~와 같다". <微塵>은 "아주 작은 티끌이나 먼지"를 가리킴.

않은 상관없는 일이 되어 저절로 잊혀져버리기도 한다.

세상의 이치에 밝고 경험이 많은 사람은 때로 큰 사건 앞에 너무나 담담하고 의연함을 볼 수 있는데, 그 이유는 바로 이런 우리들의 속성과 현상을 잘 알고 있기 때문이다.

149

家用長子 國用大臣

집안에서는 큰 아들이 필요하고, 나라에서는 대신이 필요하다.

■ 한자의 훈과 음

• 家(집 가) • 用(쓸 용) • 長(길 장) • 子(아들 자) • 國(나라 국)
• 大(큰 대) • 臣(신하 신)

해설

집안의 맏아들을 우리는 장자(長子) 내지는 장남(長男)이라고도 부른다. 이 장자는 옛날부터 동서양을 막론하고 대를 이어 가는데 중심이 되었고, 상속에 있어서도 우선이 되었기 때문에 그 위치는 대단히 중요하였다. 그러나 오늘날에 와서는 자유와 평등 원칙에 의해 장자의 개념이 많이 희박해졌고, 장자를 우대하는 관습이나 장자가 부모를 봉양해야 하는 윤리적 책임 등도 많이 자유로워졌다고 할 수 있다. 그러나 아직도 장남이라 하면 집안에서 상당한 권리를 가지고 있기도 하고, 그에 따른 여러 가지 부담을 크게 가지고 있기도 하다.

각 가정의 환경이나 처지에 따라 상황이 다를 수 있고, 또 그에 따른 장자로서의 역할과 책임이 다를 수도 있겠지만, 기본적으로 장자라면 집안의 일을 책임지고 솔선수범해야 한다는 태도에는 생각이 다를 리 없다. 특히 동생들에게 모범이 되고, 집안이 화목하게 지낼 수 있도록 노력하려는 장남의 삶은 어떤 의미에서 제2의 부모와 같은 존재일 수도 있다. 그러기에 우리나

◆ 家(가)-집. 가정. 집안.
◆ 用(용)-필요로 하다.
◆ 長子(장자)-맏아들. 큰아들.
◆ 國(국)-나라. 국가.
◆ 大臣(대신)-대신. 군주 국가에서는 관아(官衙)의 으뜸 벼슬인 <장관(長官)>을 가리켰음.

라 전통사회에서는 장남의 존재를 항상 귀하게 여겨왔고, 장남 역시도 항상 큰 짐을 의식하며 살아왔다.

나라는 곧 가정의 규모를 조금 확대시켜 놓은 조금 큰 규모의 가정이라 할 수 있다. 가정에서 장남의 역할이 중요했던 것처럼, 나라에서의 장관(長官)의 자리는 한 국가의 장래와 깊은 관계를 가지는 중요한 위치인 것이다. 그래서 옛말에도 "나라가 혼란스러울 때는 나라를 잘 다스리던 어진 정승이 생각난다.(國亂思良相)"고 하였다.

장남과 대신(大臣)의 위치에 있는 사람들은 그들 나름대로 역할에 충실하고, 그 아래에 있는 동생들이나 군신(群臣)들은 위에서 선도(善導)하려는 노력에 힘이 되어 주어야 할 것이다.

150

山高水深 地瘦人貧

산이 높으면 물이 깊고, 땅이 척박하면 사람이 가난하다.

■ 한자의 훈과 음

● 山(뫼 산) ● 高(높을 고) ● 水(물 수) ● 深(깊을 심) ● 地(땅 지)
● 瘦(파리할 수) ● 人(사람 인) ● 貧(가난할 빈)

해설

무엇이든지 그 근원이 깊고 튼튼하면 어떤 시련에도 잘 견뎌낼 수 있다는 비유로, 우리는 "뿌리 깊은 나무 가뭄 안 탄다."는 속담을 쓰곤 한다. 비슷한 이치에서, 본문의 말처럼 산이 높고 숲이 울창하면 가뭄 걱정은 크게 할 필요가 없다. 왜냐하면 산에 있는 나무들은 평소에 많은 물을 저장하고 있다가 가뭄이 왔을 때는 이 저장해 놓았던 물로 한재(旱災)를 최대한 줄여줄 수 있기 때문이다.

산이 높으면 수원이 풍부하여 그 아래 있는 샘에서는 언제나 맑고 시원한 물이 퐁퐁 솟아오르고, 계곡의 물은 가뭄에도 아랑곳하지 않고 그 깊이를 유지할 수가 있으니, 그 산의 높이와 숲의 울창한 정도가 얼마나 중요한 원인이 되는지를 쉽게 알 수가 있다.

그리고 공부하는 학자에게 책이 중요하듯, 농사를 짓는 농부에게는 땅이 중요하다. 땅의 비옥한 정도에 따라 소출이 달라지며, 그 소출의 정도에 따라서 결국에는 경작자 생활의 질이 달라

◆ 山高(산고)-산이 높다.
◆ 水深(수심)-물이 깊다.
◆ 地瘦(지수)-땅이 마르다. 즉 땅이 비옥하지 못하다는 의미.
◆ 人貧(인빈)-사람이 가난하다.

지기 때문이다. 잘 가꾸지 않은 척박한 땅에서는 절대로 풍성한 소출을 기대할 수가 없다는 사실을 모르는 농부는 하나도 없을 것이다.

퇴비나 비료를 주면서 땅을 기름지게 가꾸고, 쟁기나 농용 트랙터로 흙을 부드럽게 일구느라 땀 흘리는 농부의 노력은 분명 풍성하고 행복한 가을을 보장해 줄 것이다.

151

積善之家 必有餘慶

착한 일을 하는 집안에는 반드시 넘치는 경사가 있다.

■ 한자의 훈과 음

• 積(쌓을 적) • 善(착할 선) • 之(갈 지) • 家(집 가) • 必(반드시 필)
• 有(있을 유) • 餘(남을 여) • 慶(경사 경)

해설

착한 일을 한다는 것은 상대의 입장에 서서 그 사람이 필요로 하는 일을 하는 것이다. 그래서 적선(積善)에는 큰일도 있을 수 있지만, 아주 작아서 긴가 민가 하는 그런 일도 있을 수 있다. 그러나 아무리 작은 일이라도 누군가에게 필요한 일을 했다면 그것은 아름다운 적선이 된다.

적선에는 여러 종류가 있을 수 있다. 경제적으로 선을 베풀 수도 있고, 또 필요한 물건으로 좋은 일을 할 수도 있으며, 내가 몸을 움직여서 남에게 도움을 줄 수도 있으니, 이런 것들이 다 마음에서 우러나온 자연스런 표현들이라면, 그 선행의 방법이나 대상은 다를지라도 숭고한 '배려'정신은 모두가 똑 같은 것이다.

적선, 즉 선행은 상황에 맞게 하는 것이 좋으며, 보상심리를 벗어나 조건 없이 기쁨으로 하는 것이 가장 바람직하다 할 것이다. 그래서 선행의 결과는 도움을 주는 쪽이나 받는 쪽이나 서로가 행복할 수 있어야 한다. 체면이나 입장 때문에 억지로 무리하

◆ 積善(적선)-선을 쌓다. 즉 좋은 일을 많이 한다는 의미.
◆ 之(지)-~하는. 앞의 <積善>이 뒤의 <家>를 수식할 수 있도록 연결시켜 주는 조사.
◆ 必有(필유)-반드시 있다.
◆ 餘慶(여경)-넉넉한 경사. 즉 좋은 일이 많이 생긴다는 의미.

여 선행을 하다보면 뒤에 가서 무슨 기대가 생기게 되고, 그 기대나 효과가 자기 마음대로 되지 않았다 싶으면 후회를 하게 된다. 이러한 것은 참다운 적선이 아닌 것이다.

경사는 인위적으로 만들어지는 경우도 있지만, 바람에 불려온 모래가 큰 산을 이루는 것처럼 뜻하지도 않았는데 자연스럽게 이루어지는 그런 경사도 있다. 특히 후자와 같은 그런 경사에는 주위 사람들의 박수소리가 더욱 우렁차게 밀려든다.

152

積惡之家 必有餘殃

나쁜 일을 하는 집안에는 반드시 많은 재앙이 있다.

■ 한자의 훈과 음

- 積(쌓을 적) ● 惡(악할 악) ● 之(갈 지) ● 家(집 가) ● 必(반드시 필)
- 有(있을 유) ● 餘(남을 여) ● 殃(재앙 앙)

해설

나쁜 짓이란 남을 속이거나 혹은 남의 물건을 훔치거나, 아니면 행패를 부려서 남을 다치게 하는 등등의 일만이 나쁜 짓이 아니다. 행복해야 할 타인에게 그들이 원하지 않는 일을 해서, 물질적이든 혹은 정신적이든 아니면 또 신체적이든 그들에게 손해를 주게 되면 그것은 다 적악(積惡)에 해당이 되는 것이다.

나쁜 짓은 주로 남에게 피해를 주거나 그들을 궁지에 몰리게 한 뒤에 내가 잘 되기 위해 그런 일을 한다. 그러나 일시적으로는 그러한 악행으로 자신의 일이 잘 풀릴 수 있을지는 모르지만, 길게 보면 악행의 결과는 역시 부메랑이 되어 반드시 자기 자신에게로 돌아온다는 것이 세상의 이치다. 물론 세상에는 이해가 되지 않을 정도로 나쁜 사람이 떵떵거리고 잘 살아가는 비정상적인 현상을 간혹 보기도 하지만, 그런 사람들은 '괄호' 밖의 인간으로 간주하고 우리는 '사람'으로 생각하지 않는다.

사람들에게 사람으로 평가받지 못하는 사람은 이미 죽은 사람이나 다름없다. 우리는 그런 비도덕적인 인간의 행태를 모델로

◆ 積惡(적악)-악을 쌓다. 즉 나쁜 일을 많이 한다는 의미.
◆ 之(지)-~하는. 앞의 <積惡>이 뒤의 <家>를 수식할 수 있도록 연결시켜 주는 조사.
◆ 必有(필유)-반드시 있다.
◆ 餘殃(여앙)-넉넉한 재앙. 즉 많은 재앙이 생긴다는 것을 의미함.

삼아 우리 인생을 설계하려는 사람은 아마 한 사람도 없을 것이다.

사람은 살아 있을 때만 그의 삶을 평가받는 것이 아니라 죽은 후에도 그의 행적이 평가되기 때문에, 대부분의 사람들은 좋은 일로 기록에 남고 또 선행으로 사람들이 기억해 주기를 원한다.

죽음은 당연한 자연의 이치지만, 누군가가 죽었다고 하면 슬프고 또 애도를 표하고 싶은 것이 인지상정이다. 그러나 누군가의 죽음 앞에서는 사람들이 박수를 치며 고소하게 생각하는 경우도 있으니, 이 또한 슬픈 일이 아닌가? 죽고 나면 아무런 쓸모도 없을 것만 같은 이름 석 자지만, 그러나 지금도 사람들은 이런 저런 이야기로 몇 천 년 전에 죽어간 사람들의 이름들을 부르고 있다.

한상덕(韓相德)

경남 하동 출신
경상대학교 중문학과 졸업(1983)
성균관대학교 중문학과 문학석사(1985)
중국, 중국예술연구원 화극연구소 방문학자(1994)
중국, 무한대학 중문학과 문학박사(1997)
중국, 호북대학교 중문학과 교수(1998)
중국, 호북사범학원 중문학과 석좌교수(1998)
[현재] 경상대학교 중문과 교수
[현재] 중국 청도대학 겸임교수
저서 : ≪교양 한시 감상≫ 등 20여 권
역서 : ≪중국 현대 희극사≫ 등 20여 권
논문 : <조우삼부곡> 등 20여 편

한문으로 풀어보는 세상사 이야기

초판 1쇄 발행 · 2009년 8월 20일
초판 3쇄 발행 · 2023년 6월 20일

저　자 · 한 상 덕
발행인 · 정 현 걸
발　행 · 신 아 사
인　쇄 · 대명프린팅
주　소 · 서울특별시 은평구 통일로 59길 4 (2F)
전　화 · (02) 382-6411 팩스 · (02) 382-6401
홈페이지 · www.shinasa.co.kr
E-mail · shinasa@daum.net

ISBN: 978-89-8396-653-7(93720)

정가 14,000원